Emden 1933 - 1945

Buchbeschreibung

Aus Anlass des 80. Jahrestages der Befreiung von Faschismus und Krieg am 8. Mai 1945 erscheinen die Erzählungen, Daten und Zeichnungen über Naziterror und Widerstand aus dem Nachlass von Friedrich Loop (1903 - 1984) in einer Neufassung.

Als Vorlage diente die 1985 von der DKP Emden herausgegebene Broschüre. Diese Broschüre existiert nur noch in wenigen Exemplaren. Viele der dort genannten Widerstandskämpfer erhielten eine Würdigung in Form von Stolpersteinen in Emden. Sieben der verfolgten und von der Nazi-Justiz verurteilten Frauen sind Thema eines Theaterstücks, das von Ilse Frerichs (Ostfriesisches Landesmuseum) verfasst und im September 2025 unter der Regie von Tim Kruithoff (Oberbürgermeister von Emden) und Jann Aden aufgeführt wird. Es wäre zu wünschen, dass dieses Buch einen Beitrag zum Verständnis der Zeit des Naziterrors leistet.

80 Jahre danach sind Faschismus und Krieg wieder aktuell. Um Widerstand zu leisten, kann die Broschüre durchaus Anregungen geben.

Von den Autoren

Günter Kruse (Herausgeber) und Sonja Ryll (Cover, Layout und Textbearbeitung) verfolgen mit der Neufassung als Buch eine Würdigung der Opfer des Faschismus sowie des vielfältigen Widerstandskampfes, insbesondere in Emden.

EMDEN 1933 bis 1945

Erzählungen, Daten und Zeichnungen über Naziterror und
Widerstand

Aus dem Nachlass
des kommunistischen Widerstandskämpfers
und politischen Häftlings
Friedrich Loop

Herausgeber: Günter Kruse
Neufassung: Sonja Ryll

Zum 80. Jahrestag der Befreiung vom Faschismus
am 8. Mai 2025

Impressum

1. Auflage, veröffentlicht 2025.
© Neufassung: Sonja Ryll - alle Rechte vorbehalten.
Herausgeber: Günter Kruse
kruse.ryll@t-online.de
Titelfoto: www.de.freepik.com
Verlag: BoD · Books on Demand GmbH,
Überseering 33, 22297 Hamburg, bod@bod.de
Druck: Libri Plureos GmbH, Friedensallee 273,
22763 Hamburg

ISBN: 978-3-8192-7608-8

Inhaltsverzeichnis

Warum eine Neufassung?

Am 8. Mai 2025 jährt sich der Tag der Befreiung des
deutschen Volkes von Faschismus und Krieg zum 80. Mal.
Auch in Emden gibt es Veranstaltungen und Projekte, die an
den Naziterror und seine Opfer, aber auch an den Widerstand dagegen erinnern. Die Stadt Emden pflegt eine le-
bendige Erinnerungskultur. Der 6. September 1944, an dem
80 % der Stadt zerstört wurden, ist seit vielen Jahren im
kollektiven Gedächtnis verankert. Bunkermuseum, Ostfriesisches Landesmuseum, Benennung von Straßen-
namen usw. legen eindrucksvolles Zeugnis darüber ab.
Der Arbeitskreis Stolpersteine widmet sich in Emden nicht
nur der Würdigung jüdischer Opfer. Auch das Leben und
Wirken verfolgter und ermordeter Angehöriger politischer Parteien, religiöser Gruppen oder anderer, von der
faschistischen Herrschaft ausgestoßener,
Menschen wird recherchiert und in Biografien
festgehalten, nachzulesen bei
https://www.emden.de/kultur/stolpersteine/stadtplan-
stolpersteine/Stolpersteine Dort finden Sie unter den
mehr als 400 Biografien von Menschen, denen Stolpersteine in Emden gewidmet wurden, viele der Namen von
Widerständlern aus diesem Buch.
Kommunisten waren die ärgsten Gegner der Nazis. Sie
wurden zuerst verboten und am grausamsten verfolgt.
Die Stolpersteine für Friedrich Loop sowie seine Eltern
Christian und Marie-Luise Loop liegen in der Beuljenstraße.
Seine Erzählungen, Daten und Zeichnungen aus der Zeit des
Faschismus in Emden und Ostfriesland geben einen
lebendigen und authentischen Einblick in die damalige Zeit.
Aufrüttelnd, teilweise humorvoll berichtet er über den
Terror, aber auch den Widerstand, der im „roten Emden"
besonders stark war.

Axel von Schack hat für die DKP Emden diese einmaligen historischen Einblicke vor 40 Jahren festgehalten und mit einem Nachwort des damaligen DKP-Kreisvorsitzenden Werner Meyer-Deters zum 40. Jahrestag der Befreiung von Faschismus und Krieg im Mai 1985 veröffentlicht.
2024 entstand auf Anregung des Emder Oberbürgermeisters Tim Kruithoff die Idee, mit einem Theaterstück den Widerstand von Frauen gegen die Naziherrschaft zu ehren. Ilse Frerichs, bekannte Dramaturgin historischer Stücke und Museumspädagogin im Ostfriesischen Landesmuseum, recherchierte im Bereich des kommunistischen Widerstands. Mit dem Drama „Das rote Kleid" setzt sie sieben Frauen ein Denkmal. Dabei fragte sie auch bei uns an, da wir zahlreiche Biografien verfassten und über einen guten Fundus an Hintergrundmaterial verfügen. Von der Broschüre aus dem Jahr 1985 existierten nur noch wenige Exemplare. Einen Verlag gab es nicht. Herausgeber und Autor waren verstorben.
Uns war es wichtig, diese Erinnerungen neu zu beleben und weiter zu verbreiten. Die erneute Kriegsgefahr und faschistische Tendenzen sowie der mangelnde Widerstand dagegen ermutigten uns, das Projekt in Angriff zu nehmen. Im Verlag Books on Demand konnten wir die überarbeitete Fassung mit neuem Cover und Layout, besser lesbaren Texten und Grafiken herausgeben.
Viele der Geschichten handeln von jungen Menschen und ihrem oft kreativen Widerstand, von pfiffigen Landwirten, der Sympathie der Emder für ihre „roten" Widerständler.

Wir empfehlen Ihnen eine spannende, unterhaltsame und aufrüttelnde Lektüre.

Günter Kruse (Herausgeber)
Sonja Ryll (Gestaltung der Neufassung)

Namen

der Toten und Lagerhäftlinge, in „Schutzhaft" genommenen und zu Zuchthausstrafen verurteilten Mitglieder der KPD der Stadt Emden.

Als Erster wurde der Kameradschaftsführer des Roten-Front-Kämpferbundes (RFB),
Heinrich Werno, das Opfer der NS-Kamarilla. Er wurde im Forschungslager Burg Leesum mit 11 anderen in einem Bagger, dessen Seeventile man öffnete, ertränkt.

➤ Zu Gefängnisstrafen verurteilt:

Lia Werno, seine Frau

Bernd Hündling, Mitglied des RFB

Hermann Walkes, Mitglied des RFB

Thees Tjebben, Mitglied des RFB

➤ *Am 7. März 1933* in „Schutzhaft" genommen und nach Oranienburg gebracht:

Gustav Wendt, Unterbezirksleiter der KPD Emden

August Wagner, Schulungsleiter der KPD Emden

Frau Klinger, Ratsherrin der Stadt Emden

Klaas Meier, Funktionär Seeleute

Talea Zillmann, Ratsmitglied der Stadt Emden

Jan de Vries, Hafenarbeiterkomitee

Martin Brinkmann, Org.-Leiter Stadtteil Süd

Paul Wörtler, Politischer Leiter Stadtteil Transvaal

Frau Schlenker, Senatorin der Stadt Emden

➤ *Am 25. März 1933* in „Schutzhaft" genommen vom Amtsgericht Emden:

Paul Lorbitzki, Funktionär Stadtteil Ost

Peter Freese jun., Funktionär

Menke Wilken, Org.-Leiter, Stadtteil Borssum

Martin Brinkmann, Funktionär Stadtteil Süd
Friedrich Loop, Unterbezirks-Agit.-Propaganda
Willi Anderson, Funktionär Stadtteil West
  ➢ *Am 6. November 1933* ins Übergangslager Wiesmoor ge-
    bracht:
Jule Gessler, Funktionär
Kerkhoff, Funktionär
Harm Baumann, Trainer Arbeiter-Athletikclub
Friedrich Loop
Rudi Münkenhofe, Funktionär
  ➢ *Am 24. April 1934* in U-Haft und zu Gefängnis verur-
    teilt:
Johann Janssen, illegaler Pol.-Leiter der KPD Emden
Marten Jürgens, Kassierer der KPD Emden
Peter Kerbs, Kassierer der KPD Emden
Friedrich Loop, illegaler Agit.-Prop. in Emden
Heinrich Simmering, Landobmann Unterbezirk Emd
  ➢ *Am 19.September 1937* - in U-Haft - nach Hamm
    zum Oberlandesgericht gebracht, zu Gefängnis
    oder Zuchthaus verurteilt und anschließend in
    Konzentrationslager gebracht:
Karl Staub, Funktionär Rote Hilfe, am 14.9.37 aufgehängt in
Aurich während des Verhöres durch die Gestapo (Geheime
Staatspolizei)
August Wagner, illegaler politischer Leiter der KPD Emden,
Zuchthaus und Konzentrationslager (KZ)
Marie-Luise Loop, Zuchthaus
Christian Loop, Mitglied der KPD Emden, Zuchthaus
Friedrich Loop, Untersuchungshaft
Richard Gödeke, Funktionär der KPD Emden, KZ
Hinni Gödeke, Funktionär der KPD Emden, ertrunken
Hans Gödeke, Funktionär der KPD Emden, KZ
H. Rüther, Funktionär der KPD Emden, Zuchthaus

Georg Kittner, illegaler Organisations-Leiter im Stadtteil Friesland, ermordet
Altje Staub, Frauenleiterin, Stadtteil Mitte, KZ
Dietje Wiers, Funktionär des RFB, Zuchthaus
Bernd Kruse, Funktionär Stadtteil West, Zuchthaus
Bernd Freese, Funktionär, Verteiler, Zuchthaus
Fritz Ducken, Verteiler, Gefängnis
Heinrich Lammers, Funktionär, Gefängnis
F. Just, Funktionär, Stadtteil Friesland, ermordet
Peter Rodewick, Funktionär Stadtteil Part Arthur, ermordet
Hermann Giesen, Funktionär Stadtt. Port Arthur, ermordet
Emil Winkels, Funktionär Stadtteil West, ermordet
Ludwig Eiermann, Funktionär, Agitation und Propaganda, Zuchthaus
Otto Bösch, Agit.-Prop., KPD Emden, Zuchthaus
Habbo Voss, Funktionär KPD Emden, Zuchthaus
Jonni Engels, Funktionär Rote Hilfe, KZ
Fritz Piehn, Funktionär, Gewerkschaftsopposit., Zuchthaus
Ludwig Janssen, Kassierer Rote Hilfe, Gefängnis
Hillrich Bocker, Landobmann Larrelt, Gefängnis
Bruntje Bruns, politischer Leiter Larrelt, KZ
Jürgen Jakobs, Zeitungs-Obmann, Rote Hilfe, Zuchthaus
J. Grensemann, Funktionär Stadtteil Borssum, Gefängnis
Jule Gessler, Funktionär Rote Hilfe, Gefängnis
Ignatz Steffen, Mitglied KPD Emden, Gefängnis,
Emma Lichtnow, Frauen-Leiterin Stadtteil Friesland, Zuchthaus
Freerk Willers, Funktionär Stadtteil Faldern, KZ
Karl Hestermann, Agit.-Prop. Boltentor-Viertel, ermordet
Ino Scheiwe, Lokalwirt der KPD Emden, KZ
Willi Berg, Funktionär Erwerbslosenbund, KZ

Schullehrer Lenze, Erwerbslosenbund, Berufsverbot, Konzentrationslager, ermordet

Hermann Kahle, Erwerbslosenbund, Zuchthaus

Peter Freese, K.P. für Binnenschiffer, KZ

Heinrich Marek, Vertrauensmann Seeleute, KZ

Jonni Janssen, Kassierer Stadtteil Port Arthur, ermordet

H. Backer, Funktionär Port Arthur, Zuchthaus

Karl Vollstädt, Funktionär Stadtteil Schweckendiek, Gefängnis

Hannchen Brandes, Frauen-Leiterin Boltentor-Viertel, Zuchthaus

Johann Brandes, Funktionär Rote Hilfe, Zuchthaus

Willi Körber, KZ. Er wurde im Lager zu 30 Schlägen (über den Bock gespannt) verurteilt, weil er auf Beschluss des Lagerkomitees für Dr. Kurt Schuhmacher Kartoffeln organisierte. Schuhmacher war fast erblindet (Ödem) und musste zusätzliche Nahrung erhalten.

Harm Giesen, Turner-Funktionär, ermordet

Jan Fechter, Kassierer Port Arthur, KZ

Ulrich Grünefeld, Verteiler, Zuchthaus

Anna Janssen, Frauen-Leiterin Stadtteil Friesland, Zuchthaus

Harm Groothus, Funktionär KPD Emden, KZ

Karl Staub jun., Funktionär Rote Hilfe, Gefängnis

Bini Birth, Verteiler Rote Hilfe, Gefängnis

Ernst Radatz, Org.-Leiter des Unterbezirks der KPD Emden, zum Volksgerichtshof. Er wurde in Vechta nachts irr geschlagen, anschließend in eine Irrenanstalt gebracht und lebte acht Jahre unter Irren.

Konrad Freese, Funktionär-Verteiler, in der Bewährungskompanie erschossen

Heinrich Harms, Verteiler RFB, in der
Bewährungskompanie erschossen
Isi van der Wick, Org.-Leiter Stadtteil Ost, totgeschlagen
Karl Birth, Funktionär KPD Emden, Gefängnis
Willi Wehkamp, Polit.-Leiter Erwerbslosenbund, Gefängnis
Alex Cimek, Funktionär Verteiler, Gefängnis
Johann Frieden, Landobmann, von der Gestapo aufgehängt
Franz Ambrasat, Kunstmaler, Agit.-Prop., KZ

Die Zeitungen des Widerstandes „Die Rote Fahne" und
„Die Wahrheit", sowie viele ausländische Zeitungen
kursierten in Emden, im Oldenburgischen und Bremer Land.
Flugblätter wurden in viele Orte gebracht. Das „Braunbuch"
wurde von Seeleuten herangebracht, von Frauen abgeholt
und von den Mitgliedern der KPD verkauft. Viele Emder
Bürger lasen sie und gaben sie dann weiter. Mit Plakatstrei-
fen wurden die Verkündigungen der NSDAP überklebt, die
Wände mit Losungen übermalt. Die Gestapo wusste sich
nicht zu helfen. Die Kommissare wurden immer wieder ab-
gelöst. Die Zeitungen der NSDAP donnerten und wetterten.
Es nutzte nichts, denn **Emden blieb rot!**
Viele, die aus dem Deutschen Reich flüchten mussten,
wurden über die Grenze gebracht. Darunter die
Kommandeure des Bataillons „Ernst Thälmann", **Heinz
Schramm** und **Willi Knigge,** sowie der Emder Genosse
August Kraak, später Korporal der 11. Kompanie des
Bataillons „Thälmann", Kämpfer gegen den Franco-
Faschismus in Spanien. Für ihn hat sein Freund und Genosse
von der Gestapo des Grenzkommissariats die schlimmsten
Prügel seines Lebens erhalten.
Ein Mann, der Großes geleistet hat, um die Flüchtlinge über
die Grenze zu schaffen, ist der Genosse **Plöger** aus Leer. Ihm
verdanken viele ihr Leben.

- KZ-Häftling mit Fahne -
Zeichnung von Friedrich Loop

Der Widerstand der KPD im 3. Reich

Die Kommunistische Partei hatte 1933 in Emden etwa 380 Mitglieder.

Den Tag der Machtübernahme der NSDAP (stärkste Partei bei den Reichstagswahlen am 5. März 1933) beging die KPD Emden mit einer Kundgebung abends auf dem Marktplatz. Ein kleiner LKW war das Podium. Auf der Ladefläche brannten an beiden Seiten rote Magnesiumlichter. Der Redner der KPD, Unterbezirksleiter Gustav Wendt, sagte den zahlreichen Emder Bürgern, dass für die Funktionäre und Mitglieder der KPD „Schutz"- und Lagerhaft drohe, für die Bevölkerung Deutschlands aber Krieg, Zerstörung ihrer Häuser, ihres Besitzes, ihrer Heimat und ihres Vaterlandes.

„Denn wer Hitler wählte, der wählte den Krieg!"

Am Morgen des darauffolgenden Tages, am 6. März 1933, wurde das Büro der KPD Emden von der politischen Polizei und einer großen Anzahl von SA-Leuten geschlossen. Noch in derselben Nacht wurde das in der Friedrich-Ebert-Straße befindliche Parteibüro aufgebrochen, die Siegel zerrissen und die Fenster von innen mit Plakaten und Zeichnungen beklebt. An den folgenden Tagen wurde die Bevölkerung Emdens und Ostfrieslands durch Plakate und Flugblätter gewarnt.

"Denn wer Hitler wählte, der wählte den Krieg!"

Weiterhin wurden in diesen Tagen die Straßen und Bürgersteige mit roter Mennige mit den Aufschriften versehen:

„Hermann Göring ist der Brandstifter!"

Die Seeleute nagelten schwimmend an die Pfahlvorbauten der am Delft stehenden Häuser ein langes Transparent mit der Inschrift:

„Emden bleibt rot, trotz Verbot!"

Die Inschrift: „Hermann Göring ist der Brandstifter" und das Grab der KPD Emden, in dem ein 1919 erschossener Henry Miller ruhte, überdauerte das 3. Reich. Beide wurden erst 1974 entfernt.

Die KPD Emden stellte sich auf die Illegalität um. Alle Mitglieder wurden Funktionäre, die gesamte Mitgliedschaft in 5er-Gruppen aufgeteilt. Die Partei machte es der Gestapo schwer, die KPD anzugreifen, und die "Ostfriesische Tageszeitung" titelte wutentbrannt zu den Widerstandsaktionen der KPD: „Die Volksseele zum Überkochen gebracht!"
Erst im September 1937 gelang es der Gestapo, einen Teil der KPD Emden lahmzulegen.
So ging die KPD Emden mit fliegenden Fahnen in die Illegalität und brachte viele Opfer.

**Ehre und Dank den Toten und Lebenden
der KPD Emden.**

**Ihr Widerstand war die Liebe zu ihrem Volk,
zu ihrer Heimat, für ihr Vaterland.**

Eine Widerstandsaktion der Emder Jugend

In unserer Heimat an der „Waterkant" gibt es auch eine kleine Hafenstadt, die einst ein wunderschönes Rathaus hatte. Man nannte diese Stadt das Venedig an der Wasserkante. Solltet ihr einmal nach Antwerpen kommen, so werdet ihr dort das Gegenstück dieses Rathauses sehen, aber ohne den schönen Turm und die uralte Uhr mit dem Glockenspiel. In unserer Stadt gibt es kein so schönes Rathaus mehr, keine Glocke schlägt den Einwohnern die Stunde, denn die braunen Helden sprachen ja viel von Heimat und Vaterland, zettelten aber den Krieg an, versuchten alle Völker zu unterjochen. Sie sagten natürlich, sie täten es für die Heimat, aber am Ende dieses Krieges war sie zerbombt. So auch diese kleine Stadt. Es gab natürlich auch Menschen, welche das Treiben dieser braunen Helden für unsinnig hielten und mit einer solchen „Heimatliebe" nicht einverstanden waren.

Als im März 1933 die Nazis die Regierung übernahmen, verboten sie die KPD und alle übrigen Arbeiterorganisationen. Man nahm alle ihr bekannten und ihnen missliebigen Personen in „Schutzhaft". Alle diese Nazis liefen von nun an in Uniform, mit Stahlhelm auf und fuchtelten mit Karabinern herum. Sie fühlten sich als Retter des Vaterlandes, schrien ständig: „Juda verrecke!" oder „Tod dem Rotmord!". Heute käme euch das lächerlich vor, würdet ihr einen solchen Helden sehen. Auch damals gab es Mädels und Jungen, die das albern fanden. Ihr würdet zu einem solchen Handhochheber [1] einfach sagen: „Oller Fliegenfänger!" oder „So hoch liegt der Mist!".

Würde ein solcher brauner Heros sein Maul aufreißen
und „Juda verrecke" gurgeln, ihm mit dem Finger an
die Stirn tippen und antworten.
„Hau ab, du schielst, wasch dir die Füße!"
Die Jugend hat ihre eigene Ausdrucksweise, ich hatte sie
damals auch.
Es gab damals viele junge Leute, die gegen die Nazis waren.
Na ja, ich will nicht abstreiten, dass in dieser Geschichte
auch ältere mitgemacht haben, denn für solche Spitzbuben-
streiche sind die Älteren noch immer zu haben. So erzählten
die damaligen Teenager, was sie tun wollten, die Älteren
lachten und dann - wir machen es…

Dunkel wars und durch die Finsternis schlichen die
„Verschwörer". Ein Grinsen der Vorfreude stand in ihren
Gesichtern und manchmal hörte man die Jungens die
Mädels warnen, sie sollten aufhören mit ihrem „Geguffel".
Dann waren sie am Ziel. Einige standen Wache, andere
nahmen ein mitgebrachtes rotes Tuch und eine Stange, dazu
Hammer und Nägel. Sie hoben den besten Kletterer aus
ihrer Mitte hoch, damit er die unteren Äste eines großen
Chausseebaumes erreichte. Sacht rauschten die Blätter im
Wind und man hörte leises Hämmern.
Die Jugendlichen hatten Spaten und Beile mitgebracht.
Emsig gruben sie die Wurzeln des Baumes frei, buddelten
tiefe Löcher rings um den Stamm. Die rote Fahne flatterte
im Wind, als die ganze Verschwörerschar in der Dunkelheit verschwand.
Einige Zeit war alles still und ruhig, dann unterbrach ge-
dämpftes Keuchen die Stille und aus der Finsternis tauchten
die „Verschwörer" wieder auf.
Schwer trugen sie an Fässern und Eimern. Sie gingen

äußerst behutsam mit dem schwappenden Inhalt dieser
Behälter um.
Mit einem Strick zogen sie die Fässer in die Krone des Baumes
- und dann floss ein übelriechender Strom am Stamm
herab. Stricke und Fässer fielen herunter. Dann sprang
der „Kletterboy", in sicherem Abstand vom Stamm des
Baumes, durch das Blätterwerk herab.
Unterdessen war unten am Baum lebhafte
Geschäftigkeit im Gange. Gurgelnd flossen Ströme der
Flüssigkeit in die Gruben. Sorgsam bedeckte man sie mit
Reisig, tat Erde und Grassoden darüber, glättete und
polierte - und als alle Spuren ihrer nächtlichen Tätigkeit
verwischt waren, verschwanden sie im Zwielicht des
anbrechenden Tages.
Einige Augenblicke war noch das unterdrückte Juchzen der
Mädels zu hören, dann war der nächtliche Spuk vorüber.

Es gab damals in den Werkswohnungen noch keine
Wasserklosetts. Man hatte kleine Häuschen mit einem
Herzchen in der Tür. Drinnen war ein Kasten
mit einer Öffnung zum Sitzen. Unterhalb war ein Blech-
trichter und unter diesem das besagte Tönnchen. Einmal in
der Woche wurde das Tönnchen mit einem Fuhrwerk abgeholt. Dieser Tag war der unangenehmste für alle, die eine
empfindliche Nase hatten, denn der Geruch drang durch alle
Türen und Fenster.
Der Morgen wusch sich die Augen und die aufgehende
Sonne erhellte sein Angesicht, aber auch die Gesichter der
zur Arbeit gehenden Arbeiter, welche von dem leuchtenden
Rot ihrer Fahne begrüßt wurden, die im Chausseebaum
flatterte. Ihr Weg wurde ihnen leichter, sie freuten sich wie
die Könige.

„Wenn dat de Nazis sehn! Junge, Junge, wat'n Spass, wel mach dat dahn hebn?" (... wer mag das getan haben?)
Die Nazis kamen. Sie fuhren mit einem großen LKW vor, Wut in den Augen. Sie sprangen ab, bewaffnet mit Karabinern und Handgranaten. Von ihrem LKW wehte müde die Fahne mit dem Krähenfuß, aber vom Baumwipfel leuchtete das strahlende Rot der Arbeiterfahne und knatterte laut im Morgenwind. Die es eigentlich eilig hatten, blieben stehen. In den Haustüren erschienen die Hausfrauen. Aus den Fenstern schauten die Kinder und alle freuten sich über die rote Fahne, die im Winde wehte, als wollte sie sagen: „Hier bin ich und ich werde immer sein!"
Man spottete und lachte. Immer finsterer wurden die Gesichter der braunen Marschierer. Sie stürmten den Baum. Aber ach, sie erreichten ihn nicht, sondern fielen in eine Grube, deren stinkender Inhalt sich über sie ergoss, hoch spritzte und sie eindeckte.
Ein riesiges Gelächter stand über der ganzen Wohnsiedlung, erscholl aus den Türen und Fenstern. Der Stadtteil Transvaal lachte und lachte und lachte. „Beskeeten genauso brun, un stinken daun se net so!" (Sie sind braun wie Scheiße, und stinken tun sie genauso.) Das Lachen pflanzte sich fort bis zur Werft, hielt Einzug in die Häuser der kleinen Stadt ... Jedermann lachte.
Bekleckert standen die braunen Gipfelstürmer, weiten Abstand nahmen die anderen, denn die Baumstürmer dufteten gar zu lieblich.
Doch der Fahne leuchtendes Rot strahlte schadenfroh von dem Wipfel des Baumes auf sie herab ... „Nu halt mi man!" Befehle erklangen, doch die edlen Kämpfer protestierten. Sie wollten kämpfen, ja sogar für ihren Adolf den I. sterben, aber in solche scheußlichen Sachen? – Nein, das ging über ihren

Kampfesmut. Die Befehle wurden lauter und
schreiender und immer kleiner die Bekleckerten. Sie würden
dem Spott der anderen nicht ausweichen können.
Vorsichtig begannen nun die wirklich „Braunen" den
Baum zu erklettern. Immer wieder glitten sie ab. Immer
mehr wurden sie wegen der für die Kleingärtner so nützli-
chen Masse zu wirklich braunen Nazischweinen. Welch eine
Überwindung, welch ein Ekel.
„Führer, befiehl, wir folgen ...", aber durch so etwas?
Sie hatten nun die Fahne, zerknüllten sie und warfen sie in
den LKW. Dann verließen sie in rasendem Tempo die Stätte
ihrer Bekleckerung. Die beiden Wipfelstürmer blieben
zurück, man nahm sie nicht mit, denn sie waren zu braun, zu
nass und stanken zu sehr. So marschierten sie hinterher,
denn ein brauner Mann marschiert immer.
Für die beiden braunen Stinker wurde der Weg zu ihrer Wach-
stube zum Martyrium.
Ein jeder wich ihnen aus, hielt sich die Nase zu und grinste
hämisch.
Die Arbeiter lachten und man hat mir erzählt, dass auch
Nazis gelacht hätten.
Am herzlichsten aber lachten die Verschwörer:
„Was dat'n Spass ... de beskeeten Nazis!" (War das ein
Spaß ... die beschissenen Nazis!)

Brief an einen Genossen

Mein lieber K.!

Verzeih, wenn dieses Schreiben länger ausfällt. Es ist nun
mal so, dass ein Mensch, wenn er älter wird, in
Erinnerungen schwelgt.
Dein Vater nannte uns die Linken und die Bande des
Internationalen Seemannsklubs. Aber er stützte sich bei
allen Aktionen auf uns.
Nur nicht sentimental werden, keine Erinnerung mehr, aber
doch ist das Erinnern das Schönste, was der Mensch kennt.
Ich glaube, dass Dein Vater Euch, seinen Söhnen, vieles über
seine Zeit in Emden erzählt hat. Das Sekretariat der KPD lag
in der Friedrich-Ebert-Straße. Es war der Ausgangspunkt
vieler Geschehnisse. Dort hauste das Zweigespann: Dein
Vater, er war Sekretär und Politleiter, sowie Ernst Radatz[2] als
Organisator. Ich entsinne mich einer Versammlung der
Nazis, die unter dem Schutz einer groben Schlägertruppe in
Borssum abgehalten werden sollte. Dein Vater ließ mich
kommen und fragte:
„Ihr vom Seemannsklub, könnt ihr uns Schutz geben? Wir
können Borssum nicht den Nazis überlassen." - „Wir
müssen hin!" Wir kamen. Verwegene Gestalten, alles was
von der Tramp-Schifffahrt an Land lag. Wir ließen den
Naziredner sein Referat halten, dann übernahm Dein Vater
die Diskussion. Wir rechneten ab. Borssum blieb rot und
auch die Bauern waren röter geworden. Die Versammlung
war unser. Den Nazis ließ diese Niederlage keine Ruhe.
2600 Nazis, mit denen wollten sie Emden erobern.

Uniformierte SA, die zum Teil bewaffnet war, wollten Port
Arthur, Transvaal, Küstenbahndamm und Friesland erobern.
Am Tage, an dem die Nazis kamen, fuhren Reichsbanner,
Eiserne Front und die SPD nach Leer, um dort eine
Bannerweihe abzuhalten. Das war den Reichsbannern von
Wolthusen doch zu viel.
„Wir fahren nicht nach Leer, wir bleiben in Emden. Wir
lassen die KPD nicht im Stich, sie sind Arbeiter wie
wir." Das war die rote Einheitsfront von Emden.
Dein Vater ließ August Kraak[3], später Korporal des
Bataillons „Ernst Thälmann" der Internationalen Brigaden in
Spanien und dann Maquis-Partisan in Frankreich, und mich
zu sich kommen. Hein Wernow[4], der Leiter des RFB[5], war
auch anwesend.
Wir besprachen den Organisationsplan. Dann kam noch
etwas. Wir alle waren entschlossen, den Aufmarsch der
Nazis nicht zu dulden. Darauf hatte sich jeder vom RFB und
vom Internationalen Seemannsklub eingerichtet. Wir
wollten den Aufmarsch der SA verhindern, aber wir wollten
auch keine Massenschlägerei. Unsere Propagandaleute
fertigten Plakate und Handzettel. Sie fuhren per Fahrrad von
Dorf zu Dorf, alles an einem Morgen.
Die SA kam in großen Lastwagen und Bussen, militärisch
aufgestellt. Sie fuhren durch Ostfrieslands Dörfer, sahen
unsere Plakate. Man gab ihnen unsere Handzettel. Die
Plakate, vom Kunstmaler Franz Ambrasat[6] hergestellt,
leuchteten von den Wänden:
„Geht nach Hause, Emden bleibt rot!"
Die Dörfler riefen ihnen zu:
„Wöl`n ju na Emden? Man tau, se haun ju dod !" (Wollt ihr
nach Emden? Nur zu, sie schlagen euch tot!)
So untergruben sie die Moral der SA.

Die Nazis kamen nach Emden. Auf Port Arthur waren
Barrikaden gebaut worden. In der Mitte der Straßensperre
stand eine Attrappe. Ein schwarz gestrichener Pappkarton,
ein Stück Ofenrohr davor, eine Pappscheibe mit einem
Stückchen Stock. Es sah wie ein wirkliches
Maschinengewehr aus. Die SA marschierte in Uniform,
mit Koppel, Pistolentasche nebst scharfem Inhalt. Polizisten waren nicht zu sehen. Hatten sie Urlaub?
Die SA marschierte in 6er-Reihen. Ihre Schritte dröhnten in
den Straßen. Ordentlich fest zutreten, das bringt Mut! Der
Mut kam nicht, denn hier in Emden war alles anders. Die
Seeleute, die Hafenarbeiter, die Werftgrandis waren
wehrhaft.
Die SA-Truppen marschierten an der Barrikade vorbei,
blickten verstohlen zu dem „Maschinengewehr" hin und
dachten: Wenn wir die Sperren erstürmen, bekommen wir
die Frauen auch noch auf den Hals. Die Frauen wollten die
SA mit kochendem Wasser empfangen. Artig marschierten
sie vorbei an den Arbeitersiedlungen. Sie waren froh, als sie
vorbei waren. Die Arbeiter Emdens jubelten:

> *„SA marschiert mit ruhig festem Schritt,*
> *doch dachten sie im Geheime,*
> *ach, wären wir erst daheime.*
> *Sie waschen wundgelaufene Füße,*
> *in Emden war's für sie zu miese."*

Denn Emden war rot.
Ein Häuserblock war mit roten Fahnen bestückt. Ganz
Emden und ganz Ostfriesland lachte.
„2600 Mann, und dat vör nix!" (...und das für nix!)
Ich teile meine Erinnerungen den Kindern und Enkeln mit,
auch vielen jungen Freunden.
Deren Augen glänzen:
„Das hätte ich auch mitgemacht!"

Einbrecher

Die Genossen waren zusammengekommen. Die letzte Nacht vor ihrer Verhaftung. Noch waren sie auf freiem Fuß. Bis jetzt hatte man nur das Parteibüro geschlossen und versiegelt. SA und Polizei patrouillierten in der Straße, in der das Büro lag. Frühzeitig war klar:

Das Verbot der KPD, die Schließung der Parteilokale und die Beschlagnahme jeglichen Parteieigentums sollten erfolgen. So hatten die Genossen Zeit, alles, was wertvoll erschien, dem Zugriff der SA und der Polizei zu entziehen.

Groß war der Zulauf an Neugierigen und der mit uns Sympathisierenden. Groß war die Schar der Zusammen- geströmten, und von der Stempelstelle kamen immer noch mehr hinzu. Alle wollten die Beschlagnahme des KPD- Büros erleben.

Nachts darauf: Einige der Funktionäre der KPD waren in der kleinen Stube eines Genossen zusammengekommen. Sie wurde erhellt durch eine Kerze und warf Schatten auf die Gesichter der Anwesenden. Die Partei hatte schon vorher beschlossen, die Beschlagnahme des Parteibüros nicht tatenlos hinzunehmen. Die Genossen wollten zeigen, dass sich die KPD so ohne Weiteres nicht verbieten lassen würde. So sollte das beschlagnahmte Parteibüro, trotz der Bewachung durch die Nazis, geöffnet und das Schaufens- ter mit bereits hergestellten Plakaten beklebt werden.

In der Straße patrouillierte die Bewachung. Ihre mit Nägeln beschlagenen Stiefel hallten im Takt durch die Nacht.

Diese Nacht war taghell. Die Gedanken der Genossen konnte man von ihren Gesichtern ablesen. Alle dachten:

„Unser Vorhaben ist gefährlich ...!"

Als jeder aber in das Gesicht des anderen sah und merkte, dass der sich auch fürchtete, machten sie sich gegenseitig Mut: „Wir werden es schon schaffen!"

„Komm, August, jetzt!" Wie spät Heimkehrende gingen zwei Genossen auf das Parteibüro zu. Weitab lief die Patrouille, ihnen den Rücken zukehrend. Blitzschnell saß der Dietrich im Schloss der Tür. Sie sprang auf und schon waren beide im Parteibüro. Leise schnappte das Schloss wieder zu. Es war still.

Durch die Dunkelheit des Hauses klangen jetzt die nagelbeschlagenen Tritte der zurückkehrenden Patrouille. Sie kamen näher und näher. An dem Gleichmaß der Schritte erkannten die beiden, dass ihr Tun nicht bemerkt worden war.

„Rinn sind wir beide, aber wie nu wieder raus?"

„Aber August, auf demselben Wege. Meinst du, die merken was? Nö, die denken nicht im Traum daran, dass wir so etwas machen würden. Wenn wir einfach so rauskommen, dann denken sie aus der Entfernung, dass wir aus der Tür eines anderen Hauses kommen. Nur nicht aufgeregt sein. Denk einfach, dass es eine normale Sache ist."

Leise läuft das Wasser, Kleister wird angerührt, Plakate werden aufgerollt und bekleistert.

„So, August, du hörst jetzt nur auf die Schritte der SA. Du sagst mir, wenn die Schritte wenden und kehrt machen. In dieser Zeit muss ich fertig sein und alles verklebt haben. Aufhören und dann wieder anfangen? Ist nicht gut, dann ist unser Glück verbraucht. Also los und dann nichts wie raus!"

So beklebten sie von innen das große Schaufenster mit Losungen und Plakaten. Die Schritte der Patrouille wendeten und kamen zurück. Würde die Patrouille etwas merken? Es gab für die Beiden nur einen Weg: über die

Dächer der Häuser bis zu einem kleinen Gang. Dann hieß es:
Glück gehabt, entkommen.
Die Schritte der Patrouille erklangen immer lauter. Sie
tönten überlaut in ihren Ohren. Gingen sie vorüber, ohne zu
bemerken, dass das Schaufenster beklebt war?
Lauter und lauter krachten die Nägel der Stiefel. Sie hielten
beide den Atem an, als ob das helfen würde.
Jetzt kam die Patrouille an dem Schaufenster vorüber. -
Vorbei! Nichts störte das Gleichmaß der Schritte. Langsam
entfernten sie sich.
Nun aber raus, aufschließen und so tun, als ob man nach
Hause bummelte, ganz gemütlich. Die Aufpasser sahen sich
nicht um. Als sie sich dann wendeten, um zurückzukehren,
waren die beiden längst um die nächste Ecke verschwunden.
Sie schlugen sich gegenseitig auf den Rücken.
„Mensch, Junge, das hat geklappt!"
Auf den Wallanlagen wurden die beiden Helden von den
anderen Genossen empfangen.
„Seid ihr aber frech! So etwas Verrücktes!"
Dann trennte man sich. Jeder ging seinem Heim zu, in der
Erwartung, die Sirenen aufheulen zu hören, von Schritten,
Schreien und Pfiffen verfolgt zu werden. Jedoch - nichts
geschah. Niemand bemerkte etwas in dieser Nacht. Erst am
späten Morgen wurde die Klebeaktion in dem von der SA
und der Polizei beschlagnahmten und streng bewachten
Büro der KPD entdeckt.
Die Nazis schämten sich, scheuten sich davor, laut zu werden,
denn es war für sie eine zu große Blamage. Viele Emder zogen
an diesem Tage am Parteibüro der KPD vorüber. Einer erzähl-
te es dem anderen und jeder wollte wissen, wie die Schaufenster aussahen. Die Schadenfreude der Emder war sehr
groß.
Man freute sich königlich über den Erfolg dieses Streiches.

Die Straße wurde abgesperrt. Polizei und SA gingen dazu über, das Schaufenster von den Plakaten zu säubern. Aber so einfach war das nicht. Man musste erst die Tür des KPD-Büros aufbrechen, denn die Verursacher dieser Eskapade hatten noch so viel Zeit gefunden, mit Blei und Holzstücken das Türschloss zu verstopfen.[7]

Genosse Paul

Die Stadt ist größer geworden. Sie breitet sich aus, schwillt an wie ein Hefeteig und so manche Stätte früherer Geschehnisse wird überwuchert. Auch die Zeit bleibt nicht stehen, sie eilt weiter. Von dem, was vor vielen Jahren geschah, blieb nichts als die Erinnerung.

Fast jeden Tag gehe ich über eine Stelle, an der einmal ein großer Lindenbaum stand. Hinter ihm war eine kleine Brücke, welche über ein verschlammtes altes Siel führte. An diesem alten Siel führte ein Treidelweg und ein drei Ziegelsteine breiter Steig zum Deich.

Die Stadt wuchs und überwucherte Siel und Brücke. Nur die kleinen Häuser der damaligen Kolonie Transvaal stehen noch und sind mit vielen neuen Häusern und Bauten zu einem Stadtteil geworden.

Ich sehe sie wieder vor mir, die Gesichter der SA, weiß vor Wut. Und die schadenfrohen Gesichter der Kolonisten Transvaals. Das Jubeln der Kinder und das Grinsen der Jugendlichen.

„Platz frei! - Weg von hier! - Drängt das Gesindel fort! - Schlagt mit den Kolben dazwischen!"

Auf dem Lindenbaum wehte im Wind eine rote Fahne und leuchtete im hellen Sonnenlicht. Sie wirkte auf die Schar der

Furaks wie ein rotes Tuch. Na ja, sie war ja auch rot. *Furaks* nannten wir die SA. Es war die Abkürzung für „**fu**rchtbar **a**lte **K**ämpfer". Sie waren Furaks, diese braunen Helden, welche sich in ihrer Uniform in die Brust warfen. Neunzig Mann von dieser Sorte hatten sich hier versammelt, hier auf diesem Platz, hier, wo der Lindenbaum stand, auf dem die verdammte rote Fahne wehte.

„Die Straße frei! - Runter mit dem Fetzen!"

Dann erstarb das Gebrüll. Sie starrten auf den Lindenbaum. Sie waren auf einmal still, denn dort an der Linde hing ein Ding, von dem sie wussten, dass es sehr ungemütlich werden konnte. Es sah aus wie eine graue Konservendose an einem Holzstiel. An diesem Holzstiel war ein Ring und daran eine Schnur. Die lief, straff gespannt, zu einem Ast der Linde und von dort zum „roten Fetzen".

Da standen sie nun und starrten den Baum an. Schadenfroh grinsten die Bewohner von Transvaal. Alle waren nun gespannt, was die braunen Furaks tun würden. Auf den Baum klettern? Den Baum umhauen? Nee, nee, das ging nicht, denn 21, 22, 23, . . . und dann?

Sie drängten, ohne Rücksicht auf Frauen und Kinder, die Einwohner vom Platz, riegelten die Straßen ab und schossen, was das Zeug hielt, auf die Handgranate. Sie trafen des Öfteren, sodass die Holzsplitter flogen, und kamen erst nach einer ganzen Weile dahinter, dass sie auf eine Attrappe Munition verpulverten. Angst gehabt! Lächerlich gemacht, ausgelacht, angegrinst und verspottet wurden sie! Sie waren wütend und dachten gar nicht daran, die Fahne herunter zu holen, sondern trieben die Zuschauer mit Kolbenstößen und Schlägen unter wütendem Geschrei von den Straßen. Dann erst holten sie die Fahne herunter, stiegen auf ihren Lastwagen und fuhren davon.

Paul hieß der Flaggenaufsetzer und Holzgranatenanbinder.
Mit mehreren Helfern kam er aus einer Nebenstraße und
schaute über den Platz. Dann gingen sie zu der kleinen
Brücke. Ein Wagen stand auf dem Platz. Sie gingen auf ihn
zu und schoben ihn vor den Lindenbaum. Dann stellten sich
die Helfer vor Paul. Als sie wieder Platz gaben, stand ein
rabenschwarzer Mann in ihrer Mitte. Neugierig kamen die
Einwohner näher, denn der Schwarze stand jetzt auf dem
Wagen und rief nun in bestem ostfriesischen Platt:
„Alle Mann herkommen!" Und sie kamen.
Paul war kein Ostfriese. Er stammte aus dem Ruhrgebiet.
Arbeitslosigkeit zwang ihn als jungen Menschen auf
Wanderschaft. In Emden blieb er hängen und heiratete. Er
war ein braver anständiger Bürger, versuchte alles,
reparierte alles und war ein wahrer „Meister Hämmerlein".
Paul war ein feiner Kerl. Aber die Arbeitslosigkeit! Das
Ruhrgebiet ist rot. Arbeitslosigkeit, Tippelei, Gefängnis
wegen Landstreicherei, heiraten ohne einen Pfennig Geld,
die Sorge um Kind und Frau machten ihn zum
Kommunisten. Er verehrte Karl Liebknecht und Rosa
Luxemburg. Seine kleine Tochter nannte er Rosa. –
Das war Paul!
Jetzt stand er auf dem Wagen, das Gesicht mit Wagen-
schmiere geschwärzt, und sprach zur Bevölkerung von Transvaal:
„Hitler will den Krieg und eure Söhne werden fallen. Zwei
Milliarden Menschen gibt es auf dieser Welt und wir sind
nur ein Bruchteil davon. Wir maßen uns an, die Menschheit
zu unterdrücken. Am Ende sind wir die Verlierer. Wir
werden zahlen mit unseren Söhnen, mit unserem Leben und
unserem Hab und Gut. Zahlen werden Du und ich!"
„Sie kommen! Die SA kommt zurück!"

Alles lief auseinander. Der Schwarze war auf einmal fort.
Nur der Wagen stand einsam und verlassen vor der Linde.
Die SA kam zurück mit einem großen Aufgebot an
Polizisten. Sie schwärmten aus wie die Bienen, wenn man
auf ihren Korb schlägt. Sie riegelten die Straßen ab und
fingen an, jedes Haus zu durchsuchen. Die Verhöre
bestanden aus Gebrüll:
„Ich schlage dir den Schädel ein, wenn du nicht sagst, wo
der Neger ist!" - Und: „Wir reißen ganz Transvaal ab, ihr
rotes Gesindel!"

Vielleicht hat er sich im Kleingartenland versteckt? So
meinten einige, die mit den Nazis sympathisierten. Da
holten sich SA und Polizei von einer nahen Schlosserei
Eisenstangen und zogen damit ins Kartoffel- und
Bohnenfeld, um nach einem unterirdischen Schwarzen zu
suchen. Systematisch stießen sie die Eisenstangen in die
gute Ackererde, aber die konnte einen solch geheimnisvollen
Afrikaner nicht freigeben. Es war keiner unter den Kartoffel-
und Bohnenäckern. Kein Schwarzer lag unter den
Steckrüben und Weißkohlpflanzen. Er kauerte in einem
trockenen, zwei Fuß tiefen Meedjegraben. 150 Furaks und
Polizisten waren über ihn hinweggesprungen.
Sie kamen zurück, gingen jetzt schwerfällig, denn an ihren
Stiefeln klebten schwere Kleiklumpen. Ihre Uniformen und
Hände waren voller Klei. Ihre umgehängten Gewehre waren
ihnen beim Bücken nach vorne gefallen und mit Klei
beschmierten Händen immer wieder zurückgeworfen
worden. Nun waren auch sie voll von gutem, wertvollem
ostfriesischen Klei. Sie sahen sich gegenseitig an und waren
voll Ärger und Wut. Die vielen Neugierigen sahen es auch

und dachten: „Was für ein dreckiger brauner Haufen!" Die
Transvaaler freuten sich und riefen:
„Se hebben hum net funnen! Se hebben hum net krägen!"
(Sie haben ihn nicht gefunden! Sie haben nicht gekriegt!)
Paul aß gerade Mittag, als die Gestapo ihn in „Schutzhaft"
holte. 1934, im Spätherbst, kam er aus dem KZ
Sachsenhausen wieder. Die SS verpasste ihm einen
Schädelbruch durch einen Kolbenhieb und Narben von
Bajonettstichen, mit denen man ihn quälte.
Aber den Schwarzen haben die Furaks nicht gefunden!

Flaggen auf Halbmast für den
ermordeten Karl Staub

Am 14. September 1937 wurde der Funktionär der KPD, das
Vorstandsmitglied der Roten Hilfe, Gewerkschaftsmitglied
und RFB-Angehöriger, Maurer und Polier Karl Staub,
während eines Verhörs durch die Gestapo im Auricher
Gefängnis geschlagen und anschließend aufgehängt. Dann
wurde behauptet, er habe sich selbst getötet.[8]
Der Tote wurde nach Emden überführt und in seinem Haus
aufgebahrt. Den Angehörigen war es von der Gestapo
untersagt, den Sarg zu öffnen. Fassungslos waren die
Kinder, da ihre Mutter ebenfalls inhaftiert worden war.
Später, am 19.9.1937, wurde auch der Sohn Karl in
Untersuchungshaft genommen. In Windeseile war die
Bevölkerung von dem Mord informiert.
Man war empört. Impulsiv sprach die Bevölkerung den
Familienangehörigen ihr Beileid aus.

Am 17.9.1937 fanden die Bestattung und das Trauergeleit statt. Die Glocke der Kirche läutete. Von dem Trauerhaus in der Gotfried-Buehren-Straße bewegte sich ein langer Trauerzug. Etwa 400 Personen folgten dem toten Genossen. Wagen und Sarg waren mit Unmengen von Blumen und Kränzen bedeckt und wurden zum Fanal des Widerstandes. Die Bürgersteige waren voll von Menschen, die, um den Toten zu ehren, ihre Häupter entblößten.

So bewegte sich der Trauerzug vom Trauerhaus durch die Cirksenastraße, über den Hindenburgplatz, durch die Große Straße und die Kirchstraße der Großen Kirche zu, auf deren Friedhof der Ermordete beigesetzt werden sollte.

Beiderseits der Großen Straße, der Kirchstraße, an der Kirche und dem Friedhof standen die Staatspolizisten in den Fenstern der anliegenden Häuser, standen auf den Balkonen und filmten den Trauerzug und die Trauergemeinde. Auf den Bürgersteig trauten sie sich nicht. Sie fürchteten die Trauer und den Zorn der Emder Bevölkerung, da in der Zwischenzeit weitere Verhaftungen erfolgt und in etwa 100 Familien der Vater oder die Mutter verhaftet, den Kindern die Eltern fortgenommen waren.

Auf dem Friedhof standen die Menschen mit entblößtem Haupt.

Als der Sarg in die Grube gesenkt wurde, nahmen auch die vor dem Friedhof stehenden Menschen die Hüte ab und ehrten damit den ermordeten Genossen und Kameraden Karl Staub.

Erst, als die Trauergemeinde sich auflöste, nahm die Gestapo Verhaftungen vor. Denunzianten zeigten Personen an und mancher musste einige Tage (bis zu zwei Wochen) in Polizeigewahrsam verbringen. Darunter waren auch der spätere ÖTV-Sekretär Theodor Müller und der

Schiffszimmermann Karl Loop. Ein mageres Ergebnis der
Gestapo.
Die Tatsache blieb:
Der Mord war zu einer Niederlage für die NSDAP und deren
Gestapo geworden.

Emden blieb rot! - Trotz Verbot!

Ich ehre mit dieser Niederschrift den in ganz Ostfriesland
beliebten Maurer Karl Staub.

Er bezahlte seinen Widerstand mit seinem Leben.

Gehe ich an seinem Grab vorüber, dann ziehe ich meinen
Hut und gedenke aller Tapferen und Mutigen, welche im
Widerstand gegen den Faschismus ihr Leben gaben.

**Für den Frieden!
Wer Hitler wählte, wählte den Krieg!**

„Guten Tag, Rote Fahne!"

Wo das kleine Mädchen wohnte, das so gegrüßt wurde? In der kleinen Hafenstadt an der Nordsee, der Stadt, der der Krieg das schöne Rathaus zerbombte und dessen Gegenstück, aber ohne den schönen Turm, in Antwerpen steht.

Warum nannte man das kleine Mädchen „Rote Fahne"? Warum blickte man dem kleinen Mädchen nach und freute sich, wenn man es sah? Pausbäckig das Gesicht, von blonden Locken umrahmt, mit einem roten Kleidchen, darüber eine weiße Schürze. So spielte das kleine Mädchen vor der Tür des elterlichen Hauses.

Dass sie ein kostbares Kleidchen trug, davon wusste die Kleine nichts. Sie spielte auf dem Bürgersteig und auch im Rinnstein. Das war ihr Spielplatz.

Das rote Kleidchen wurde schmutzig und wieder gewaschen, es wurde unansehnlich und verwaschen. Dann trug sie das rote Kleidchen nicht mehr, denn es konnte der Kleinen beim besten Willen nicht mehr angezogen werden.

Einige Zeit sagte man noch: „Na, kleine Fahne", aber dann verschwand der Name, wie er gekommen war.

Lange Zeit ist vergangen. Der Hitlerspuk hinterließ Trümmer und Ruinen. Die Zeit wurde wieder besser und aus dem kleinen Mädchen wurde eine erwachsene Frau. Die Frau weiß nichts davon, dass sie „kleine rote Fahne" genannt worden war, wie sollte sie auch, sie war ja damals 3 Jahre alt.

1937 wurde ihr Vater von der Gestapo verhaftet und ins Gefängnis geworfen. Die Mutter und auch die Großeltern, welche nebenan wohnten, standen unter Beobachtung der politischen Polizei. Eine Hausdurchsuchung löste die andere ab.

Eines Tages war wieder eine Hausdurchsuchung bei den Großeltern. Es war, als wenn ein Ausräum- und ein Einräumkommando zu gleicher Zeit tätig waren. Nichts war mehr an seinem Platz. Die Schlafstube wurde von diensteifrigen Polizisten durchsucht und einer davon nahm sich das Bett der Großeltern vor. Es war kein Bett mit Sprungfedern und Traummatratzen, sondern ein einfaches, damals gebräuchliches, derbes Bett, an Kopf- und Fußende mit dicken Holzkugeln bestückt. Statt Sprungfedern lagen feste Holzplanken auf dem Gestell, darauf ein Strohsack. Dieser Polizist fand unter dem Strohsack eine schön zusammengelegte rote Fahne.

„Da haben wir's", sagte der Schutzmann und hielt der Oma die Fahne entgegen. Er fragte sie, was das sein sollte.

„Rotes Tuch", sagte die Oma, „daraus wollte ich doch für die Kinder Kleidchen machen. Ich wusste bloß nicht mehr, wo das Tuch geblieben war."

Grob sagte der Schutzmann:

„Dann machen Sie sie bald, wir wollen so'n Zeug nicht mehr sehen!" Die Oma schneiderte aus der roten Fahne ein Kleidchen für die Enkelin. Das kleine Mädchen sagte „schönes Kleidchen" dazu.

„Guten Tag, Fahne!", sagten alle, die davon wussten.

Vielleicht liest die junge Frau diese kleine Geschichte und wird sich doch noch daran erinnern. Sicherlich wird sie zu ihrem Mann und ihren Kindern sagen:

„Ja, ja, so ist es gewesen, so war das. Ich war die kleine *Rote Fahne*."

Berufsverbot war der Anfang

Die Schüler waren begeistert, die Eltern sehr zufrieden mit
dem Junglehrer Lenze. Nur die Stadtverwaltung und der
Schulrat nicht, denn der Lenze kümmerte sich zu sehr um
Politik.
Er nahm an Lehrertagungen teil, ja sogar an einer
Antifa-Tagung. Und dazu noch: Er war ein Roter, verkehrte
in kommunistischen Kreisen.
„Raus mit so einem roten Lehrer!"
Ja, auch die SPD-Fraktion der Stadt Emden stimmte für
seine Entlassung. Das war 1932. Die Nazis waren bereit zur
Machtübernahme und in dieser Zeit wurde der
fortschrittliche Junglehrer Lenze zu Freiwild gemacht.
Lenze ging nun stempeln. Für ihn gab es kein Recht und
keine Arbeit, denn im Weimarer Staat war für einen
Junglehrer Lenze kein Platz. 1933 kam er in „Schutzhaft".
Die Fraktion der SPD wurde von den Nazis zum Teufel gejagt.
Einige flohen nach Holland. Dort half man den armen
Emigranten, wo man konnte.
Dem Junglehrer Lenze konnte keiner mehr helfen.

1936:

Lenze wurde vom Oberlandesrichter Roth als Zeuge
vernommen.
„Also, Lenze, wieviel Jahre haben Sie noch abzuma-
chen?"
„Drei Jahre Zuchthaus, Herr Oberlandesgerichtsrat."
Dann kam die Drohung des Nazirichters:
„Melden Sie sich, wenn Sie die Strafe hinter sich haben.
Dann können wir Sie der Gestapo zurückgeben und die wird
Sie dann in ein Konzentrationslager einliefern."

Wir wurden in den Gerichtssaal geführt.

„Kennen Sie die Angeklagten?", fragte das Gericht den Lehrer.

Lange schaute uns der Junglehrer Lenze an, das Gesicht schneeweiß. Müde wandte er sein Gesicht dem Richter zu und sagte:

„Nein, Herr Oberlandesgerichtsrat, ich kenne diese Männer nicht, ich habe diese Männer noch nie gesehen."

Uns schnürte es die Kehle zu, denn wir wussten nun, wir würden unseren Junglehrer Lenze nie wieder sehen.

Begeistert folgten die meisten Lehrer ihrem Führer. Durch forsche Erziehungsmethoden erzogen sie des Führers ‚Jagdhunde hart zu Kruppstahl'. Sie verfolgten mit glühendem Hass die Kinder Andersdenkender, wurden zu Denunzianten, Zuträgern für die Gestapo, waren plötzlich Mitglieder des NS-Lehrerbundes und hatten zum Teil eine sehr niedrige Mitgliedsnummer.

Einer dieser Lehrer zog meinen Sohn, wann er nur konnte, an den Haaren mit der Bemerkung:

„Na, du Rotfahne! Warum schickt euer Vater euch nicht zu den Pimpfen?"[9]

Man denunzierte uns bei den Nazis und schikanierte die Kinder. Pumpen, Hüpfen und Liegestütze bis zur Erschöpfung. Meine Frau verschwieg mir alle diese Schikanen, denn sie befand sich ständig in Angst, mich wieder zu verlieren.

1946:

Mein Sohn trug Holzschuhe. Mit seiner Mutter ging er in die Stadt, um Einkäufe zu machen.

Er traf einen seiner Peiniger und trat diesen mit voller
Wucht in den Hintern. Dann sagte er zu seiner Mutter:
„Er weiß schon, wofür das ist!"
Meine Frau war äußerst empört über die Tat unseres
Sohnes.
Ich habe meinen Jungen verstanden.

Der Junglehrer Lenze kam im Lager um.

Der illegale Flugblattverteiler

Wenn man in Emden das Zeitungsarchiv besucht, findet
man in der „Ostfriesischen Tageszeitung", damals von
Nazigegnern „Omas Teezeitung" genannt, folgende Notiz:
März 1933 - „Die Volksseele zum Überkochen gebracht!"
Einer der Männer, welche die Ursache dieser Notiz waren,
hieß M. Br. (wahrscheinlich Martin Brinkmann). Er gehörte
schon als junger Mariner zu den Kriegsgegnern, beteiligte
sich am Marineaufstand und wurde 1918 zum Soldatenrat
gewählt. Er war ein stattlicher Mann und voller
humanistischer, kämpferischer Ideale. Das Treppenhaus
seiner damaligen Wohnung in der Pelzerstraße hing voller
selbstgemalter Bilder. Für seine Ideale nahm er Kerker und
Verfolgungen auf sich. Ich verdanke ihm viele Tage, die ich
als freier Mensch verbringen durfte. Lange Jahre war er der
Hauptkassierer der KPD in Emden, dann
Unterbezirks-Agitprop und politischer Leiter des Stadtteils
Nesserland. Er starb an Schwindsucht, die die Auswirkung
der Verfolgungen, des Mangels und der Schikanen war.

Es war 1933 im März. Die Nazis verhafteten alle ihnen
bekannten Kommunisten und steckten sie ins Lager
Oranienburg (Sachsenhausen).
In derselben Zeit stellte man in der Kranstraße Flugblätter
her. Man verspottete die Nazis mit Satire und Ironie und
sagte ihnen die Zerstörung Deutschlands und die
Bestrafung ihrer Taten voraus.
Unter erschwerten Bedingungen und mit einem einfachen
Handapparat stellte man die Handzettel her. Die Frau des
Wohnungsinhabers stand Wache, denn in der Kranstraße
patrouillierte die SA und suchte nach Kommunisten.
Als die Flugblätter fertig waren, ordnete man sie zu kleinen
Päckchen, um sie an die Verteiler zu geben. Zu diesen
Verteilern gehörte auch M. Br. Sachgemäß organisierte er
die Verteilung. Lange Zeit suchte die Gestapo ohne Ergebnis
nach den Übeltätern.
Am anderen Tag stand Emden Kopf. Die SA, die Polizei und
die Gestapo kontrollierten jede Straße und fast jedes Haus.
„Omas Teezeitung" schrieb: „Die Volksseele zum Überkochen gebracht!"
M.Br. kam später nach Oranienburg in „Schutzhaft". Lange
Zeit blieb er da. Auch nach seiner Freilassung stand er
immer unter der Kontrolle der Gestapo.
In unserer Erinnerung ist M. Br. der Mann, dessen Leben
dem kämpfenden Proletariat gehörte. Der Mann, der
mithalf, die braune Volksseele zum Schäumen zu bringen!

Kindermord für eine Handvoll Zucker

Auf dem Fuhrhof einer Ziegelei henkte man sie. In der Kühle des grauenden Morgens schaukelten sie im Winde hin und her. Tausende Kilometer von ihrer Heimat entfernt. Hier, an der nebligen feuchten Küste der Nordsee, fand ihr Leben ein Ende, bevor sie wussten, was Leben hieß.
„Herr, ich bin 16 Jahre", sagte der eine, als sie aus ihrer Heimat fortgetrieben wurden.
„Herr Soldat, ich bin 17", sagte der andere. In Wahrheit waren beide erst 12 und 13 Jahre alt.
Gab es hinter der Front Säuglingsheime? Gab es Kinderhorte? Gab es für solche kleinen Knaben und Mädchen Lebensmöglichkeiten?
So zogen die beiden Jungen mit dem großen Treck der Zwangsarbeiter in das fremde Land, dessen Soldaten ihre Heimat überfallen hatten und brandschatzten.
Ihre Heimat war schön. Sie hatten Eltern und Geschwister. Das Leben war sorglos.
Dann überfielen sie fremde Soldaten, töteten, brandschatzten und zerstörten alles. Flugzeuge warfen Bomben und Feuer. Kanonen schossen Granaten. Die Soldaten brachten Tod, Elend, Hunger und Kälte.
Wo waren Vater und Mutter? Alles, aber auch alles war fort. Nur die Angst kam und verschwand nicht wieder. Es blieb der Hunger und mit ihm das Geflüster:
„Sag, dass du älter bist. Nur Arbeitsfähige lassen sie am Leben."
Es hat den beiden Kindern nichts genützt. Sie starben, weit von der Heimat entfernt, an einem Galgen, auf einer Ziegelei an der Küste der Nordsee.

Warum starben sie am Galgen?
Wegen einer Handvoll Zucker!

Vollalarm. - Im Vorraum eines Großbunkers standen die
Luftschutzmänner. Zwischen ihnen der Polizeihauptmann
Fischer.
„Herr Polizeihauptmann, wir haben gehört, dass man zwei
Russenjungen an den Laternen der Rathausbrücke
aufhängen will."
„Jawohl, das stimmt. Sie sollen als warnendes Exempel für
alle Plünderer dienen. Übermorgen wird es offiziell bekannt.
Anschließend werden beide gehenkt."
„Herr Hauptmann, wäre es nicht besser, wenn man sie
anderswo töten würde? Denn sehen Sie, Sie sind doch auch
Familienvater. Sehen unsere Kinder nicht schon genug? Ich
meine, Ihre Frau wird unsere Befürchtungen bestätigen. Es
ist kein guter Anblick und Erziehungsobjekt für unsere
Kinder."
Der Hauptmann schaut die bei ihm stehenden Männer an
und sagt:
„Die Kinder? Hm, ja, da haben Sie Recht, aber die
Hinrichtung ist unaufschiebbar."
„Wo sind die Exekutanten? Sind sie im Gefängnis?", fra-
gen die Männer.
„Könnte man sie nicht dort hinrichten? Dann sieht es ja
keiner."
„Nein, das geht nicht. Die beiden sind Polizeigefangene, wir
haben Exekutivgewalt. Sie sind in einem Güterwagen
eingeschlossen, vorn auf dem Bahnhof Süd."

„Wladomir, komm mit aufs Dock, ich muss dir etwas sagen."
Wladomir war der Dolmetscher der tschechischen

Gefangenen und arbeitete als Klempner auf einer kleinen
Werft.
„Wladomir, sag Peggy, man will zwei kleine Russenjungen
aufhängen. Sie sind eingesperrt in einem Waggon, neben
den Kohlen auf dem Südbahnhof."
„Diese Schweine! Wir können nicht viel machen, es arbeiten
nicht mehr viele auf dem Rangierbahnhof, Franzosen und
Holländer. Aber mal sehen, was wir machen können."
„Wladomir, wenn man Fokko treffen könnte, er arbeitet bei
Neumann."
„Gut, kann ich. Gib mir Jacke und Mütze und auch das
Fahrrad. Ich fahre zum Borkumdampfer."
„Wladomir, wenn das man gut geht."
„Es muss gut gehen!"

Wieder war Vollalarm und wieder stand der Polizeihäuptling
in dem Vorraum des Großbunkers.
„Schweinerei, die Aufhängerei ist verschoben. Der Waggon
ist weg."
„Wo ist er denn, Herr Hauptmann?"
„Weg, einfach weg! An einen Zug gehängt und abgedampft.
Nun müssen wir erst zusehen, dass wir sie wiederkriegen.
Schweinerei so etwas."
Die Männer im Großbunker flüsterten es sich gegenseitig
zu:
„Sie sind weg. Gott sei Dank!"

„Wlado, sie sind fort!"
„Weiß ich schon. Aber was nun? Wir können nichts mehr
machen."
„Na ja, sie sind wenigstens weg."

Zwei Wochen sind vergangen. Eine Vollwarnung löste die andere ab. Langsam ging der vierte Kriegssommer zu Ende. Es ist morgens sechs Uhr. Schweißüberströmt und vollkommen durcheinander kommt F. W. auf der kleinen Werft an.

„Ich kann nicht schweißen, ich bin fertig, ich mag nicht mehr. Ich möchte immerzu heulen. Ich fahre über den Wall und sehe, wie man zwei kleine Jungs aufhängt. Ich kann nicht mehr, zwei kleine Jungs! Diese Lumpen, diese Verbrecher!"
„Setz dich erst mal hin und beruhige dich. Mensch, du machst dich doch selbst verrückt!"
„Quatsch, sieh du mal so etwas, wie dir dann wird!"
„Nu erzähl mal, wer ist aufgehangen worden?"

„Gestern, am späten Nachmittag, habe ich Zimmerleute auf dem Fuhrhof der Ziegelei gesehen. Sie bauten ein Gerüst. Ich bin stehengeblieben und habe zugeschaut. Eine Plattform, drauf ein Pfahl mit einem Querholz und Absteifung. Na, dachte ich, die bauen einen Bohrgalgen, wollen sicher einen Brunnen oder ähnliches bauen. Nun bin ich heute um fünf Uhr wieder vorbeigegangen und habe nach der Ziegelei geschaut. Viele Schutzleute waren dort, SS und SA. Auch Zivilpersonen waren auf dem Fuhrhof versammelt. Dann sah ich, wie man zwei kleine Jungs zu dem Gerüst heranschleppte. Das Geschrei der Kinder war schlimm. Die hat man auf das Gerüst getragen und ihnen eine Schlinge um den Hals gelegt. Dann hat man sie aufgehängt. Als die beiden Jungs sich zu Tode gestrampelt hatten, haben alle Anwesenden die Hände zum Hitlergruß erhoben und das Horst-Wessel-Lied gesungen.

Und ich musste zugucken, ich konnte den Blick nicht
abwenden. Ich konnte nicht helfen. Kinder aufhängen, mein
Gott!"

Bomben waren auf die Stadt gefallen, Häuser wurden
zerstört und brannten. Sie zerstörten auch eine
Kolonialwarenhandlung. Mehl, Zucker, alle Produkte waren
unbrauchbar, weil auch Phosphorbomben gefallen waren. So
ließ man die Waren als phosphorverdächtig liegen. Einige
Zeit später wurde enttrümmert. Ein Hitlerjunge hatte die
Aufsicht über die Zwangsarbeiter.
Unter ihnen befanden sich auch die beiden Russenjungen.
Er sah, dass die beiden Kinder sich Zucker in die
Hosentaschen steckten. Der Krämer sah es auch. Die beiden
Russenjungen hatten Hunger. Wann hatten sie auch schon
mal Zucker oder Bonbons genascht?
Nie satt, immer Hunger, keine Eltern, keine Heimat ...

Die Gelbkreuzler

Abseits der Landstraße von Georgsheil-Norden liegt das kleine Dörfchen Engerhafe. Es liegt, wie so viele Dörfer und Hammrichs in Ostfriesland, auf einer Warft und war, wie der Name sagt, vor Jahrhunderten ein kleiner Hafen an der damaligen Küste.

Auf der höchsten Stelle der Warft steht inmitten des Friedhofs die alte Kirche, umgeben von einer festen Mauer. Das Areal liegt idyllisch zwischen grünen Weiden und fruchtbaren Feldern. Ein jeder, der vorbeifährt oder das Dörfchen durchwandert, freut sich des ruhigen, schmucken Dorfes, schaut über die Mauer des Friedhofs und gedenkt der vielen Generationen, die unter uralten Grabkreuzen ruhen.

Trutzig steht der schwere Bau der Kirche. Der Glockenturm erhebt sich weit übers Land. Neben der Kirche, am Ende des Friedhofs, liegt ein riesiges Grab. Eines der vielen Massengräber in Deutschland, das Grab der Gelbkreuzler.

Es war 1944, im November.

In mehrere grün angestrichene Baracken pferchte die SS 2000 - 2500 Deutsche, Holländer, Polen, Franzosen, Belgier und Russen. Den zum größten Teil in Lumpen gekleideten Männern war ein gelbes Kreuz auf den Rücken ihrer Kleidung gemalt. Die Baracken waren überfüllt. Auf den Pritschen lagen sie unter- und übereinander, ohne genügend Schlaf, ohne ausgeruht zu sein und ohne ausreichende Nahrung. Hungernd und frierend wurden sie morgens zur Arbeit getrieben.

Schon auf der kurzen Strecke von den Baracken zur
Landstraße, von dort nach Georgsheil, starben viele der
erschöpften Gelbkreuzler. Die Mithäftlinge legten dann die
Toten an den Grabenrand, um sie spät abends bei ihrer
Rückkehr ins Lager mitzunehmen.
Man nahm den Toten alles, was brauchbar war, schleppte
die Leichen zu einem Grenzstreifen des Lagers und warf sie
nackt in ein dort ausgeschachtetes Massengrab.

Anwohner und Passanten verließen fluchtartig die Straße,
liefen auf den Ackerrain, versteckten sich hinter Busch oder
Baum, wenn ihnen der Elendszug der Gelbkreuzer
begegnete. Wer Mitleid mit den Gepeinigten zeigte, wurde
von der SS bedroht, ins Lager mitgenommen zu werden.
So traute sich die Bevölkerung nicht, die Landstraße zu
begehen, wenn ihr der gespenstische Zug der Lagerinsassen
entgegenkam. Keiner wollte von dem Lager wissen, keiner
sprach von dem Elendszug. Die Angst, von der SS ins Lager
mitgeschleppt zu werden, verschloss ihnen den Mund.

Auf der Station Georgsheil stand der Zug, der die
Gelbkreuzler nach Aurich brachte, wo sie in der Umgebung
Panzergräben auswerfen mussten. Mit Knüppeln wurden sie
in die Waggons hineingeprügelt. In unsäglicher Angst
drängten sie sich durch die Türen und Fenster der Wagen.
Hier und dort fiel einer um und geriet unter die Füße der
sich zur Tür Hineindrängenden. Dann schlug die
Wachmannschaft noch mehr auf sie ein, schlug auf den
Gestürzten, auf einen Sterbenden, auf einen schon Toten.
Sie schleppten ihre Toten mit zu ihren Arbeitsplätzen. Dort
lagen dann diese toten Körper den ganzen Tag, Wind und
Wetter preisgegeben. Spät abends wurden sie mit den bei

der Arbeit Gestorbenen oder Erschlagenen zum Lager
Engerhafe mitgeschleift. An den Armen und Beinen gefasst,
wurde der Rumpf des Toten über den Schotter, durch die
Wasserpfützen, durch Schlaglöcher und Klei geschleift.
Von der SS und den Kapos*) mit armdicken Knüppeln
geschlagen, von knurrenden, an der Kette zerrenden
Hunden bedroht, so zog der Haufen der Ärmsten und
Elendsten dem Lager zu, um nach karger Ruhe wieder in
einen Tag des Grauens zu gehen.
Sie mussten Panzergräben auswerfen, Schutzlöcher graben,
aber auch Gräben und Kanalerweiterungen schaffen, tagein -
tagaus.
Auf der Böschung standen die SS-Schergen, bei den
Grabenden die Kapos.
Sie schlugen auf die Erschöpften ein. Wer fiel, wurde
hochgeprügelt, wer liegen blieb, starb im Schlamm oder
unter den Schlägen. Oft zog die SS ihre Pistolen und schoss
auf den bereits Toten oder Sterbenden. Die Überlebenden
nahmen den Toten die zerrissenen Schuhe oder die
Holzpantinen; jener nahm Halstuch oder Mütze, ein anderer
nahm die Jacke oder den Mantel. Dann lag der Tote
ausgeplündert, verdreckt, voller Blut und Schmutz auf der
Böschung des Grabens.
Heute nahm der eine die Schuhe des toten Kameraden,
morgen nahm ihm wieder ein anderer diese Schuhe fort,
weil jetzt er gestorben war. Gestorben, erschlagen,
erschossen. Ermordet beim Panzergrabenbau. So wollten
die Nazis den Feind aufhalten.
Als im Mai 1945 der grausame Spuk des 3. Reiches
zerschlagen war, wurden die überlebenden KZ-Insassen
wieder freie Menschen. Feige waren ihre Peiniger, die
Lagerwache, die SS und die Kapos, geflohen.

Aus Furcht vor der Verantwortung verkrochen sie sich im Moor oder versteckten sich in entlegenen Siedlungen bei Gesinnungskumpanen. Aus braunem, grauem und schwarzem Heldentuch schlüpfte man in ein schlichtes Zivil und war ein ganz harmloser Mitläufer, ja sogar dagegen gewesen.

Nach einigen Tagen der Freude gedachten die befreiten Gelbkreuzer ihrer Toten. Holländer und Polen hielten am Massengrab einen Bittgottesdienst ab. Sie hatten das Grab geschmückt, brachten ihren Toten Blumen und Kränze.

Von der Bevölkerung gab es keinen, der daran teilnahm. Sogar der Pfarrer hielt sich fern. Die Straßen waren menschenleer. Vor dem Friedhofstor standen drei Kanadier. Schuldbewusst, voller Angst hockte die Bevölkerung in ihren Häusern. Mancher hatte sich ins naheliegende Moor verkrochen.
So standen die befreiten Gelbkreuzler am Grab ihrer Kameraden. Die aus Polen nach Deutschland verschleppten Mädchen und Frauen weinten bitterlich. Sie halfen bei der Aufschichtung der Erde auf das Grab. Die Männer standen mit ernsten, verbitterten Gesichtern am Grab. So manchem strömten die Tränen unaufhörlich über die Wangen.

Ein Deutscher ging mit zwei Knaben auf das Grab zu. Zornig und voller Ingrimm wandten sich die Holländer und Polen dem Ankommenden zu. Er sagte zu ihnen:
„Es sind auch meine Kameraden, die dort unten ruhen, meine Söhne und ich gehören zu euch.“
Da machten sie Platz für ihn und seine beiden Söhne und nahmen ihn auf in ihre Reihen. Kein Hass- oder

Revanchegefühl hegten sie, nur stumme Trauer um die
Toten. Es war ihnen unfassbar, dass das deutsche Volk so tief
gesunken war. Es war ein Volk von Landräubern und
Mördern geworden.
Der Deutsche wollte den neben ihm Stehenden die Hand
geben. Nur zögernd reagierten die befreiten Häftlinge.
Er sagte:
„Es gibt in Deutschland viele meinesgleichen und in deren
Namen bitte ich euch, uns nicht anzulasten, was die SS euch
angetan hat."
Die befreiten Lagerinsassen sahen die ehrliche Trauer des
Mannes und wussten: Es gibt auch andere Deutsche.

188 tote KZ-ler liegen auf dem Friedhof von Engerhafe.
Abseits der Landstraße von Sandhorst-Tannenhausen
befindet sich noch ein Grab, in dem 58 Kameraden ruhen.
Aber viele liegen an dem Ort, wo sie starben oder ermordet
wurden, am Rande eines Kanals, eines Grabens, neben den
Landstraßen, auf Weiden und Wiesen. Die, die es wissen,
schweigen, weil sie sich schuldig fühlen und wollen nichts
mehr damit zu tun haben.
Die Mörder aber leben unter uns. Ihnen geschah nicht viel,
sie waren ja alle nur Befehlsempfänger. Im Kreise
ihresgleichen rühmen sie sich jedoch ihrer Taten. Man sieht
ihnen nicht an, dass sie bestialische Mörder waren. Ihr
Anzug ist schlicht, wie der, den du trägst. Sie sind nette,
liebenswürdige Mitbürger. Sie gehen sonntags zur Kirche
und beten inbrünstig:
„… und vergib uns unsere Schuld!"
Aber sie kennen keine Reue oder Schuldgefühl.
Tausende fahren an Engerhafe vorüber, viele durchwandern

dieses kleine Dorf. Ein jeder wirft einen Blick auf die Kirche
und schaut auf den Friedhof mit den alten Gitterkreuzen.
Ein idyllisches Dörfchen --- eine furchtbare Vergangenheit.

-51-

***)** von der SS ausgesuchte Häftlinge für
Aufsichtsfunktionen, meistens Schwerverbrecher

Bombenentschärfung auf Ostfriesisch

Alte Bauern und Landarbeiter halten nichts von technischen Neuerungen. Ihre Zeit lässt es nicht zu, sich mit diesen Dingen zu befassen. Ihre knorrigen, knotigen Hände zeugen von harter Arbeit, welche ihnen keine Zeit lässt, sich mit Zelltherapie oder Atomphysik zu beschäftigen. Eine Karre voll Mist hat für sie und ihr Land mehr Bedeutung als eine ganze Modenschau von Dior. Ich glaube, würde die Bauernschaft anders sein, wir würden hungern müssen. Wir leben nun mal von Kartoffeln und Speck und anderen nahrhaften Dingen.
Eine Eisenbahn muss sein. Auch Gleise und Brücken, auf denen die Eisenbahn fährt. Aber - dass man eine Eisenbahnbrücke sprengt, das ging den Bauern nicht ein.

Es war im März 1945.
Alles, was laufen konnte, wurde zum Volkssturm gezwungen. Es wurmte die Bauern und Landarbeiter aus dem Dorfe X in Ostfriesland, Panzersperren zu bauen und Schützenlöcher zu graben, wo doch die Frühjahrsarbeit anfing.
Es passte ihnen nicht das Abzählen zu viert, das Marschieren und Wachestehen.
Längst sahen sie den Krieg als verloren an. Wozu sollten sie die Beine hochwerfen, wie die Maikäfer zu Wilhelms Zeiten?
Und nun wollten die gottverdammten Nazis, diese Idioten, die Eisenbahn in die Luft sprengen, um den Feind aufzuhalten!
„Sünd de nu verrückt? 20 Kilometer vant Watt of, da wöln se de Amis upholln!?" (Sind die jetzt verrückt? 20 km vor dem Watt wollen sie die Amis aufhalten?), sagte Jan zu seinen Wachkameraden.

„Kiek evens, da hebens ne Bombe hennpackt un hier and Gelänner is de Kasten." (Guck mal, da haben sie eine Bombe angebracht und hier am Geländer ist der Kasten.)

„Dat sünd Bröermantjes! Brügge in de Lücht sprengen, eenfak so in Lücht jagen, un wi könen tau faut lopen, hel na Emden, als tau oll Fritz sin Tied." (Das sind Bangbüchsen! Die Brücke in die Luft sprengen, einfach so in die Luft jagen, und wir können zu Fuß laufen, ganz bis nach Emden, wie zu Zeiten vom Alten Fritz.)

„Wat makt wi blot?" (Was machen wir bloß?)

Sie waren alle biedere Landgebräucher. Ihre Rücken waren krumm von harter Arbeit. Mit Bombenentschärfung hatten sie sich noch nie befasst. Einer Kuh beim Kalben helfen, das konnten sie. Ihre Arbeit war wichtiger als die eines Bombenlegers. Sie schafften Nahrung, damit die Menschen leben konnten, jene aber zerstörten und töteten Menschen.

Sie dachten angestrengt nach.

„Wet ju wat?" (Wisst ihr was?), sagt Jan nach einiger Zeit des Überlegens.

„Ick bün mal krank west, hard' mit de Galle. De Dokter het min Water unnersögt un dabi het he mi vertellt, dat de Urin Säure is. Wenn wi nu immer in de verdüfelte Kasten watern, frett de Säure de hele Baudel up un alls is kaporus." (Ich bin mal krank gewesen, hatte es mit der Galle. Der Doktor hat mein Wasser untersucht, und dabei hat er mir erzählt, dass der Urin Säure ist. Wenn wir nun immer in den verteufelten Kasten wässern, frisst die Säure die ganze Ladung auf und alles ist kaputt.)

Die Bauern machten sich ans Werk. Wenn man Schützenpreise vergeben müsste, diese Bauern hätten sie

errungen. Der Kasten wurde nass und nässer. Andere
Volkssturmwachen machten es ihnen nach und Jan stellte
fest:
„Noch noit is en Ding so bemegen worden as disse Utlö-
ser!" (Noch nie ist ein Ding so bepinkelt worden wie dieser
Zünder!) Die Brücke blieb erhalten ...

Sandmännchen und Feuerpatschenlieschen

Für die kleine „hart geprüfte" Stadt, von der Goebbels
triumphierend faselte, dass der Wasserturm, das Gaswerk
und das Rathaus immer noch standen, war die Luftwarnung
zu spät gegeben worden. Wieder waren einige Häuser
zerbombt. Trümmer und Schutt bedeckten die Straßen. Zur
allgemeinen Verwunderung der Anwohner wurden die
Trümmer nicht beseitigt, sondern es wurde ihnen gesagt,
dass die Enttrümmerung später erfolge, man solle alles so
liegen lassen.
Es war um die Schummerzeit, als ein Aufnahmewagen
vorfuhr.
„Filmaufnahme für die Wochenschau!"
Die Jungen der Straße saßen auf der Mauer des
gegenüberliegenden Schulhofs. Sie hieben mit den Fersen
ihrer bloßen Beine vor Vergnügen an die Mauer. Sie rekelten
sich, stießen sich gegenseitig an und zeigten mit den
Fingern auf die zerstörten Häuser. Aus den
Fensteröffnungen eines dieser Häuser schlug künstliches
Feuer. Dicker schwarzer Rauch quoll aus der Tür.

An einem dieser Fenster war eine Luftschutzleiter angestellt, darauf stand ein Hitlerjunge in voller Ausrüstung: Stahlhelm, Gasmaske et cetera pp. Er half einer heftig gestikulierenden Frau aus dem Fenster heraus. Unten standen noch mehrere Luftschutzhelfer, mit Sandeimer und Feuerpatschen. Ein anderer pumpte aus einer Luftschutzpumpe einen dünnen Strahl Wasser gegen die Fenster.

Die Jungen auf der Mauer platzten vor Übermut.

„Ätsch, musst den Bäckerjungen sehen."

„Isch ja gar nich wahr, wat di da maken."

„Gestern saß er im Bunker und heulte vor Angst."

„Isch ja alles Quatsch, was die da machen!"

Zu spät erklang die Sirene. Wieder fielen Bomben. Sie fielen auf Häuser und Menschen, Kinder wurden verletzt, eine junge Frau wurde getötet. Sie trafen auch das Haus eines Luftschutzwartes. Friedlich schlummernd lag er mit seiner Familie im Bett, als die Türen und Fenster herausflogen. In voller Panik stürmte er, im Nachthemd und barfüßig, durch Glasscherben und Trümmer zur naheliegenden Polizeiwache. Dort schlug er mit den Fäusten gegen die verriegelte Tür und schrie laut um Hilfe. Seine junge Frau war tot, die Kinder weinten nach ihrer Mutter.

Er war Bauernführer der Nazis. Als die Bomben fielen, saß er im Bunker. Man sagte ihm, dass sein Hof getroffen worden sei. Er kümmerte sich nicht darum, denn oben kreisten ja noch die Bomber.

Aber bei jeder Gelegenheit trug er stolz die braune Uniform mit Epauletten und Lametta. Im Garten seines Hofes liefen einige verletzte Kühe.

Das Dach des Stalls war eingestürzt, darunter lagen die
Pferde. Das eine war tot, das andere, ein Schimmel, lag
auf den Knien. Auf seinem Körper lag der herabgestürzte
Dachstuhl. Tieraugen können sprechen. Die ganze Qual
und die Bitte um Hilfe lagen in ihnen.
Zwei Männer, ein Luftwaffengefreiter und ein Zivilist halfen.
Der Bauernführer saß derweil im Keller ...

Luftminen und Bomben fielen. Wieder kam die
Luftwarnung zu spät. Auf den Trümmern in den Straßen
lagen Bündel und Koffer, in unsäglicher Not fortgeworfen.

Durch diese Trümmer kroch ein schwer verletzter junger
Mann. Er starb im Krankenwagen. In dem einen Haus lag
ein Nachbar und im Wirtshaus nebenan saßen mehrere
Männer tot um einen Tisch. Einer, in der Uniform der
Wehrmacht, hatte keinen Kopf mehr. Der Hausbunker der
Nebenstraße war überfüllt. Unter den Schutzsuchenden die
Sandmännchen und ein Polizeihauptwachmeister. Sie
fühlten sich im Keller sicherer als auf den zerbombten
Straßen, sie wankten und wichen nicht aus ihrer
Geborgenheit.

Einige Tage später, wieder gab es Luftalarm, stand dieser
Wachtmeister mit mehreren anderen im Vorraum eines
Großbunkers. Ein angetrunkener Schiffer fand dort auch
einen Platz. Er hatte gebeten, dortbleiben zu können, denn
er wollte mit seiner Alkoholfahne den Frauen und Kindern
nicht die Luft nehmen.
„Besoffen!" empörte sich einer der Polizisten.
„Wo bekommt der Kerl wohl so viel Schnaps
her?"

„Wie heißt du?"
Der Schiffer nannte seinen Namen und redete den
Wachtmeister ebenfalls mit „Du" an.
Da schlug der Wachtmeister ihm ins Gesicht und
schrie:
„Sagt der Kerl ‚Du' zu mir! Warte man, nach dem Alarm
bist du bei mir auf der Wache!"
„Das muss man sich alles gefallen lassen", sagte der Schif-
fer leise vor sich hin.

Der Sohn eines Elektrikermeisters trug auch stolz den
Luftschutzschmetterling[10]. Auf der Werft war er ein
Obersandmännchen.
Der Lehrling X klagte allen sein Leid. Er hätte die ganze
Nacht an der Pumpe gestanden und gelöscht. Er hätte den
Schmetterling verdient und nicht der Elektrikerfritze. 20
RM habe er von der Werftleitung bekommen als Dank für
die Hilfeleistung.
Das Sandmännchen hätte indes bei dem Alarm auf dem
Lokus gesessen und wäre voller Angst, die Hose auf den
Absätzen, in den Hafeneinschnitt gesprungen.
„Nu beruhige di man, Krischan, lat hum de Schmetterling.
Du hest 20 RM, un he hett ken Papier brukt, denn Water
reinigt ok" (Nun beruhige dich mal, Krischna, lass ihm
seinen Schmetterling. Du hast 20 RM und er hat kein Papier
gebraucht, denn Wasser reinigt auch), sagten einige ältere
Arbeiter.
Da war der Feuerwehrmann, Gasschnüffler und
Sandmannausbilder. Die Werftleitung hatte einige
Betriebsangehörige zur Ausbildung bestimmt.
Nachdem der praktische Unterricht vorüber war, hielt er ei-
nen Vortrag über Feuer und dessen Bekämpfung.

„Manches Großfeuer ist leichter zu löschen, als einen
Brand zu legen. Z. B. als man die Synagoge in Brand steck-
te, hat man -zig Kanister dazu gebraucht. Es wollte und
wollte nicht brennen. Die daneben liegenden Häuser brann-
ten sofort, wir konnten das Feuer nicht eindämmen."
Als er fort war, sagte einer:
„So ein Schwein!"
Die anderen nickten.

Der Luftschutzoberhäuptling war ein Bierverleger. Wo er
ging und stand, trug er Uniform mit einer großen Backspier.
Seinen Schnurrbart trug er á la Wilhelm II. Er war ein
großer Schütze und mehrfacher Schützenkönig.
Wenn die Vollwarnung vorbei war, lief er von einem Bunker
zum anderen und hielt Reden von Führer, Volk usw.
Eines Tages trug er keine Uniform mehr. Er war krank,
kaputt, zerbrochen. Er war in Berlin gewesen,
Führertagung. Die bösen Plutokraten[11] nahmen darauf
keine Rücksicht. Sie warfen Bomben und trafen auch seine
Tochter.

6. September 1944, 18 Uhr abends.

Die Stadt brannte. Frauen und Kinder saßen voller Angst
in den Bunkern. Die Großbunker, Kolosse aus Stahl und
Beton, schaukelten bei jedem Bombenwurf wie Schiffe im
Sturm. Im Vorraum eines Bunkers lag ein Schwerverletzter.
Die Bunkerwarte hatten aus Angst die Türen des Bunkers
verriegelt, obwohl noch Flüchtende davorstanden. Dieser
nun Schwerverletzte hatte mit mehreren anderen die Türen
gewaltsam geöffnet und die Frauen und Kinder
hineingelassen. Aber es fielen schon Bomben. Der Sog riss
ihnen die Tür aus der Hand.
Der Luftdruck schleuderte ihn auf die umherliegenden
Trümmer. Den anderen geschah nichts. Der Arzt und ein
Arbeiter halfen dem Sterbenden. Sie versuchten, ihn ins
Innere des Bunkers zu bringen.
Da wurden sie plötzlich zu Boden gerissen. Sie wussten
nicht, wie ihnen geschah. Polizisten, Feuerwehrleute,
Sandmänner und Feuerpatschenliesen sprangen und
trampelten über sie hinweg. Die Bomben hatten auch das
Rathaus getroffen und es in Brand gesetzt. In dem Keller des
Rathauses war der Schutzbunker für die Auserwählten. Kein
anderer fand darin Platz.
Nachdem nun das Bombenfurioso vorüber war, stürmten sie
voller Panik aus ihrem Bunkerloch hinaus. Sie fanden die
Tür des Großbunkers offen und stürzten, sich gegenseitig
behindernd, über alles hinweg in den Bunker. So wurden der
Sterbende, der Arzt und der Helfer niedergetreten und
zertrampelt.

Diese Helden des Streusands und der Feuerklatsche saßen in voller Glorie auf den Bänken und anderen Sitzgelegenheiten der Bunker. Sie ließen brennen, was brennbar war.
Mit Sandeimer und Feuerpatsche gegen eine brennende Stadt, da hörte die Funktion eines Sandmännchens auf.
Der Krieg war zu Ende. Sandmännchen und Feuerpatschenliesen verbannten ihre Uniformen in Kästen und Truhen. Gasschnüffler und Sandmännchen kümmerten sich um nichts mehr, sondern tauschten Laikas gegen Chesterfields[12]. In den Kellern der Schulen lagen ihre Ausbildungsrequisiten.
Die Kinder spielten mit Tränengas Blau-, Grün- und Gelbkreuz. Einige Kinder entdeckten ein großes Einmachglas, in dem sich zwei kleine Flaschen zu je 100 cm^3 befanden. In der einen war das Giftgas LOST, in der anderen Flasche das amerikanische DIK. Beides genügte, um Tausende Menschen zu vergiften.
Am Ufer eines Kanals fanden badende Kinder eine Kiste mit LOST. Sie meinten, es wäre Seife und fassten es an. Sie verbrannten sich und wurden für ihr ganzes Leben verstümmelt.

Gasmännchen und Sandmann, was kümmerte euch, was übrig blieb? Es gab ja keine Uniform, keine Ehrengaben, keine Schmetterlinge mehr.
Was kümmerte euch die gefährliche Hinterlassenschaft? Doch jetzt ist eure Zeit wieder da, ihr werdet wieder gebraucht! Ihr bekommt eine neue Uniform, Lametta und Ehrengaben, dazu Sandeimerchen und Feuerpatsche.
Wenn eure Geschäftstätigkeit für die Menschheit nicht so unheilvoll wäre, würde man über eure Gestalten lachen.

Sandmännchen kontra Atombomben!

Die Nachricht vom Tode Hitlers

Die englischen Flieger flogen den ganzen Tag über unser
Dorf und schossen auf alles, was sich bewegte. Keiner traute
sich auch nur zum Nachbarn zu gehen, weil er mit dem
Beschuss von den Fliegern rechnete. Ich hatte einen
Zickzackgraben ausgeworfen. Sobald ein Flieger nahte,
huschte alles in diesen Graben. Ja, selbst die drei- und
vierjährigen Kinder brauchten nicht ermahnt zu werden. Sie
nahmen Puppe oder Pferdchen mit und fanden ihren Platz.
Wir, die Erwachsenen, sprachen oft davon, dass der Krieg
seinem Ende zuginge und mancher wünschte:
„Was de Kerl man erst dod, dann is Free." (Wenn der Kerl
erst mal tot ist, dann ist Frieden.)
So hörten die Kinder die Wünsche der Älteren und deren
Hoffen auf baldigen Frieden.

Am 30.4.1945 kam die Nachricht vom Tode Hitlers.
Zur selben Stunde waren auch die Kinder da und forderten:
„Jetzt ist er tot, nun ist bald Frieden, nun wird gefeiert."

Die Frauen warfen zusammen, die eine dies, die andere das.
Sie backten Kuchen, sogar mit Pudding und Buttercreme. Es
gab dazu süßen Kaffee und Limonade aus Kirschsaft. Die
Buben und Mädels feierten.

Waldfriedhof Esterwegen

September 1973

Wir fuhren den Küstenkanal entlang. Unsere Augen
suchten vergeblich den Waldfriedhof, auf dem 1350 Opfer
der nationalsozialistischen Gewaltherrschaft ihre letzte
Ruhestätte fanden. Wir suchten diese Ruhestätte und
fanden sie nicht.
So fragten wir uns Entgegenkommende und auch Bauern
auf ihren Feldern.
„Wir wissen es nicht genau, aber es soll dort ein Friedhof
sein.“
Nur Eingeweihte finden den Eingang zum Friedhof. Täglich
fahren Autos, Lastwagen und Busse vorüber. Die Anwohner
der in der Nähe liegenden Dörfer, welche diese am Kanal
entlangführende Straße täglich befahren, „wissen nichts“
von der Existenz dieser Massengräber. Auf dem Kanal
fahren Schlepper und Kähne an dieser Grabstätte vorüber.
Keiner der Binnenschiffer weiß:

Dort liegen die Erschlagenen des KZ Börgermoor.

1945 errichtete man ein weithin sichtbares Kreuz, dann den
Waldfriedhof.
Unzählig waren die Kreuze auf dem Friedhof. Schneeweiß
reihten sie sich aneinander. Das Auge erfasste die
unendliche Masse der Kreuze und vermittelte jedem das
Ausmaß des schrecklichen Geschehens.
Keine Namen, nur Nummern. Hinter diesen Zahlen
verbargen sich Menschen, die einst lebten, liebten und
hofften. Sie hatten Eltern, Geschwister, Frau und Kinder.
Und vom Leben noch so vieles erwartet.

Ich sah Frauen an den Kreuzen vorbeiwandern. Ich sah
ihre Tränen. Ihre mitgebrachten Blumen legten sie an
eines der vielen Kreuze. Jedes Kreuz trug eine Zahl, aber
keinen Namen. Die Frauen denken vielleicht, dass der, um
den sie weinen, hier, unter dieser Nummer begraben ist.
Sie schauen auf die vielen Kreuze und ihre Tränen gelten
allen, die hier ihre letzte Ruhe fanden.

Nun stehe ich wieder hier auf diesem Waldfriedhof. Man hat
den Friedhof umgebaut. Schön ist der Eingang mit der
Inschrift: „Friedhof".
Ich gehe hinein. Puritanisch einfach ist es geworden. Man
stelle sich eine große Wiese vor, auf die lege man
schnurgerade Betonstreifen. Spartanisch die Kreuze und auf
dem Betonstreifen kleine Messingschilder mit Nummern.
„Mehr ist das nicht?", frage ich mich.
Es hat einmal ein Bundeskanzler gesagt, dass man die alten
Geschichten endlich mal vergessen solle. Ist so nun der
„Waldfriedhof" eine Stätte des Vergessens geworden?

Die Frauen, welche immer wieder hierherkommen, um
ihrem Mann, Vater oder Sohn ein paar Blumen zu bringen,
wissen nicht, wohin sie die Blumen legen sollen. Das Kreuz,
an das sie immer die Blumen legten, ist nicht mehr da. Zwar
stehen ein oder zwei Kreuze in jeder dieser Reihen, aber es
ist nicht mehr das Kreuz, an das sie sich klammerten und
dachten: „Hier liegt mein Einziges, was ich hatte."
Es muss nun endlich mal Gras über diese Gräber wachsen,
sie sollen vergessen werden. Dieser Gedanke drängt sich auf.
Ich stehe nun mit vielen anderen am Gedenkstein Carl von
Ossietzkys. Zu beiden Seiten die Fahnen der
Lagergemeinschaften. Der Redner spricht von dem Unrecht
und der Gewaltherrschaft. Er verliest auch eine
Protestresolution an die chilenische Botschaft.

Ich denke an den Rhetoriker des Faschismus, Goebbels,
und höre ihn geifern: „Wenn uns die Demokratie gestattet, mittels der Demokratie in den Reichstag zu marschieren, dann werden wir die Demokratie unter den
Nägeln unserer Stiefel zertreten."

Ich denke an die Leiden des chilenischen Volkes. Ich sehe die
erschlagenen Männer, Frauen und Kinder. Militärgerichte,
Liquidationen, Putschisten, welche sich an allem, was nach
Demokratie aussieht, austoben.

Wieder bin ich in der Zelle des Untersuchungsgefängnisses
Bremen. Ich höre den verzweifelten Aufschrei des
Kameradschaftsführers der Eisernen Front, H. I.: „Nicht
Braun hat uns verraten, sondern Severing. Er verweigerte
die Bewaffnung des Reichbanners und der Eisernen Front!"

Armes chilenisches Volk! Es hat Kupfer, Silber und Salpeter.
Wie sagte Goebbels?
„Wir kämpfen nicht um Ideale, wir kämpfen um Kohle,
Getreide und Öl!"
Kupfer und Silber, dafür erschlug man in Chile die
Demokratie.

Meine Frau und ich setzen uns auf eine der Bänke, die vor
der Grabanlage stehen. Von hier aus geht kein Blick mehr
auf die vielen Gräber. Man muss den Kopf wenden und sich
schräg auf die Bank setzen, um dorthin zu blicken. Das
ermüdet und strapaziert.

Man sieht den Gedenkstein Ossietzkys von der Seite und
dahinter die paar Kreuze. Nichts, nur zum Vergessen! All
dies mit den modernsten architektonischen Mitteln. Schön,
der Friedhof!

Zwei ältere Frauen sitzen auf einer dieser Bänke. Sie schauen sich an, ohne sich zu erkennen. Ihre Blicke fliegen hin und her. Dann stehen sie plötzlich auf, fallen sich wortlos in die Arme und weinen. Weinen Tränen des Leids und der Freude.
Nach 28 Jahren treffen sie sich wieder, hier. Sie sind Leidensgefährtinnen des KZ's Börgermoor. Vor ihren Augen rollt noch einmal die schreckliche Zeit der KZ-Haft ab. Sie sehen sich wieder in dem zerschlissenen Sträflingskleid, mit den Holzschuhen. Sie hören das Gebrüll der SS, werden wieder Kameradinnen des Elends. Darum weinen sie ... Weinen um die gestohlenen Jahre, um ihre Kameradinnen, weinen auch vor Glück.
„Dass du noch lebst!"
Die Frauen und Männer neben ihnen schlucken und weinen mit ihnen. Es sind Tränen der Freude darüber, dass diese beiden Frauen die Schrecknisse überlebt haben und sich nun wieder trafen.

28 Jahre liegen zwischen den damaligen Geschehnissen. Man wird die Grabstätten immer wieder renovieren und modern gestalten.

Ich aber sehe die vielen weißen Kreuze und hinter ihnen die Schatten der Opfer der Gewaltherrschaft.

Vergesst es nie!

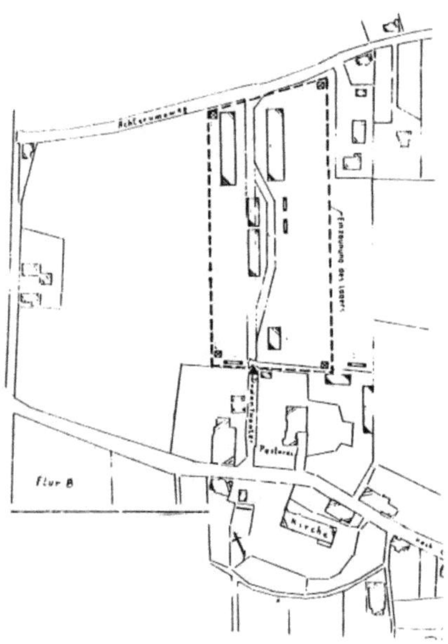

Engerhafe ist eine kleine Gemeinde nordwestlich der ostfriesischen Stadt Aurich. Das im Hamburgischen gelegene Konzentrationslager Neuengamme (seit 1938 zunächst Außenstelle des KZ Sachsenhausen, seit 1940 eigenständiges KZ) beorderte im Herbst 1944 ein Häftlingsaußenkommando nach Aurich zum Schanzen und zu Befestigungsarbeiten. Die Häftlinge hatten ihr Quartier in Engerhafe (s. Skizze).
Ca. 2000 KZ-Häftlinge gehörten dem Außenkommando an. Fast 10 % der Häftlinge kamen in der Zeit von Oktober bis Dezember 1944 im Lager um. Die überwiegende Zahl der Häftlinge kam aus Polen und den Niederlanden.

Ein Brief an die Zeitschrift „Konkret"

Saublöd sind die Fragen in ihrem „Sextest". Wie
„hochintelligent" schätzen Sie Ihre Leser ein?
Ich möchte nur eine Ihrer Fragestellungen herausnehmen,
die nicht nur dumm, sondern absolut stupide ist. Die
Testfrage lautet:
„Was würden Sie denken, wenn Sie mit 10 Frauen einen
Atomkrieg überleben würden?"

Lassen Sie mich auf diese Frage mit einer Geschichte
antworten:
In der kleinen Hafenstadt an der Nordsee fielen Luftminen.
Der Fliegeralarm kam zu spät und so überraschend für die
Mehrzahl der Einwohner in ihren Betten.
In einem provisorischen Bunker, dem Keller eines
Realgymnasiums, waren einige Familien, die dort jede Nacht
schliefen. Sie taten das, weil ihre Männer arbeiteten und
ihre Kinder zur Schule mussten. Fast jede Nacht drei bis vier
Vollalarme und dann tagsüber arbeiten, das ging über ihre
Kraft.
Nun waren in diesen Straßen die Luftminen gefallen. Über
die Trümmer der Häuser stürzten die Einwohner in voller
Panik zum Behelfsbunker, ohne Kleidung, ohne Gepäck.
Nur fort, nur in Sicherheit sein!
Männer, die sich tagsüber als Helden fühlten, waren noch
kopfloser als die Frauen, denn die mussten sich ja noch um
die Kinder kümmern und sie mitschleppen.
Keiner der Männer kümmerte sich um die Frauen. Sie
drängten sich rücksichtslos an ihnen vorüber, um ja schnell
genug den Keller zu erreichen. Nur den sichersten Platz
bekommen! Weiter reichten ihre Gedanken nicht.
Im relativ sicheren Keller klang die Panik ab.

Noch unter Schockwirkung stehend, läuft ein junges
Mädchen auf mich zu. Sie hebt ihr Nachthemdchen hoch
und bittet:
„Herr Loop, sehen Sie, ich habe nichts an. Unser Haus ist
fast unversehrt, holen Sie doch bitte, bitte meine Kleidung!"
So steht das junge Mädchen vor mir, hat alle Scham
vergessen, denn die Not kennt keine Scham. Die Straßen
waren voller Trümmer, alles in dichten Staub und Qualm
gehüllt. Auf der Straße lag das fortgeworfene
Luftschutzgepäck der Einwohner. Ich kletterte über die
Trümmer, holte die Kleidung des jungen Mädchens und
sammelte an Gepäckstücken, was ich tragen konnte. Im
Keller gab ich dem Mädchen die Kleidung.
„Da, Nelly, ga na achtern, na min Mauder, un treck di an."
(Da, Nelly, geh nach hinten, zu meiner Mutter, und zieh dich
an.)
Einige Tage später kam das Mädchen, um mir Dankeschön
zu sagen. Sie gab mir die Hand, und dann wurde ihr Gesicht
über und über rot. Jetzt erst erinnerte sie sich und erst jetzt
dachte sie:
„Was denkt er über mich?"
„Brauchst nicht rot zu werden, Nelly, ist längst vergessen.
Aver'n nüdlik Meisje bist doch!" (Aber ein niedliches jun-
ges Mädchen bist du doch!)
Einen Faustschlag in die Seite habe ich bekommen.
Ich erlebte noch viele Luftangriffe. Ich sah einen Mann,
einen Superathleten, mit bloßen Füßen und im Nachthemd
durch Glasscherben und Trümmer zur Polizei laufen, um
dort um Schutz zu bitten.
Ich sah Polizisten und Feuerwehrleute über einen
Schwerverletzten und einen Arzt hinwegtrampeln.
Ich sah im Flammenschein brennender Häuser, wie eine
Frau von einem auf sie gestürzten Balken langsam zu Tode
gedrückt wurde.

Ich sah viele notdürftig gekleidete Frauen, die voller Angst
und Schrecken waren.
Ich dachte mir nichts dabei, denn ich sah nur ihre Not.
Ich dachte nur an die braunen Helden und war voller Wut
über das von ihnen angerichtete Unheil.
Wären die Luftminen Atombomben gewesen, alles, was
lebte, wäre atomisiert.
Darum ist diese Testfrage SAUDUMM!
Sollte man aber mit 10 Frauen überleben, wäre man
radioaktiv verseucht. Anstatt an Sex zu denken, würde ich
mich nach einem Gegenstand umsehen, mit dem ich mein
und der Frauen qualvolles Leiden abkürzen könnte.

Richten Sie solche Testfragen an diejenigen, welche
aufgrund ihres Geldes oder von Regierungsstellung her
einen atomsicheren Bunker besitzen und glauben, darin
überleben zu können. Vielleicht meinen diese Leute, nach
erfolgtem Atomschlag noch solchen Gedanken frönen zu
können.

Wir, Sie und ich, sind dann schon längst zu Staub verbrannt!

Anmerkungen

1. Zum Hitlergruß erhobene Hand
2. Ernst Radatz, Organisationsleiter des KPD-Bezirks Wasserkante und des Emder Unterbezirks, vom „Volksgerichtshof" zu Zuchthaus verurteilt und im Zuchthaus Vechta irre geschlagen.
3. August Kraak war an Widerstandsaktionen der KPD immer maßgeblich beteiligt. Er ging illegal nach Holland und von dort aus nach Spanien, wurde im Kampf zur Verteidigung der spanischen Republik Corporal der 11. Kompanie des Thälmann-Bataillons der Internationalen Brigaden und durch Brustschuss schwer verletzt. Später schloss er sich in Frankreich der illegalen Widerstandsbewegung an, wurde dann interniert und schwer misshandelt. Nach 1945 war er in Emden wieder politisch aktiv, im Winter 46/47 wegen noch verbotener Kontakte zur KPD-Zentrale (In den Westzonen waren erst regionale Parteigliederungen von den Besatzungsbehörden erlaubt.) ins Auricher Gefängnis gebracht und infolge dieser Haft bei Minus-Temperaturen in der Zelle, in der er drei Monate zubrachte, gestorben.
4. Heinrich Werno, Kameradschaftsführer des RFB (Rot-Frontkämpfer-Bund), wurde im „Forschungslager" Burg Lesum bei Bremen mit 11 anderen Gefangenen in einem Schwimmbagger durch Öffnen der Seeventile ertränkt. Hein Werno war der erste ermordete Widerstandskämpfer aus Emden.

5. RFB (Rot-Frontkämpfer-Bund) - eine Selbstschutzorganisation der KPD-orientierten Arbeiter, um einen Schutz vor Übergriffen der Nazis zu sichern.

6. Franz Ambrasat soll in den Nachkriegsjahren als Maler in Düsseldorf gearbeitet haben. Von der SA-Demonstration berichtete die damalige Emder Zeitung am 13.2.33 mit der Überschrift „SA marschiert durch Emder Arbeiterviertel. Sprechchöre von Sozialdemokraten und Kommunisten: Ihr gehört zu uns! Ihr gehört in die Front des kämpfenden Proletariats!"

7. Die Emder Zeitung berichtete mit der Überschrift: „Kommunistische Einbrecher drangen in ihre Geschäftsstelle ein, um Plakate aufzuhängen!"

8. Der Antifaschist Eduard Quante aus Emden wurde in die Zelle von Karl Staub gebracht, als man ihn heraustrug. Die Zelle war überall voll Blut gespritzt.

9. Hitlerjugendgruppe, die die jüngsten Kinder erfasste

10. Auszeichnung für Luftschutzkräfte

11. Nazibezeichnung für die Westalliierten

12. Hinweis auf Schwarzmarkthandel nach 1945

<u>A b s c h r i f t</u> 49

...

Der Generalstaatsanwalt bei   Hamburg, den 22.3.1935.
dem Hanseatischen Oberlandes-
gericht.

Gesch.Zeichen:

O.IV. 3o/34
Ientze & Genossen
=================

                    Anklageschrift Nr. 3

...

        Zusammenfassende tatsächliche und rechtliche Würdigung
              des Ermittlungsergebnisses.

Die Angeschuldigten sind sämtlich für die nach der Machtübernahme
durch den Führer und Reichskanzler illegal fortbestehende kommunistische Partei Deutschlands tätig gewesen. Damit stellt sich
ihre Tätigkeit unter Beachtung der oben gezeigten allgemeinen
Ziele der KPD.objektiv als Vorbereitung zum Hochverrat dar.
Darüber hinaus ist erwiesen, daß allen Angeschuldigten als
überzeugten Kommunisten das hochverräterische Ziel der kommunistischen Organisation bekannt war, und dass sie in bewusstem und
gewolltem Zusammenwirken mit ihren illegal tätigen Genossen für
die Erreichung dieses Zieles gehandelt haben. Im dem Zeitpunkt
ihrer Tätigkeit war jeder Deutsche über die strafrechtliche
Bedeutung einer Handlungsweise, wie der von den Angeschuldigten
durchgeführten, dank der von der Regierung getroffenen Massnahmen
im klaren.
Die Tätigkeit sämtlicher Angeschuldigten war darauf gerichtet,
zur Vorbereitung eines hochverräterischen Unternehmens die Auf-
rechterhaltung oder Wiederherstellung des organisatorischen Zu-
sammenhaltes der illegalen kommunistischen Organisation zu fördern (§ 83 Abs. 3 Ziff. 1 STGB).
Die Tätigkeit der Angeschuldigten Janssen, Engelmann, Kerbs
und Schröder war ausserdem auf Beeinflussung der Massen durch
Herstellung und Verbreitung illegaler Zeitschriften gerichtet.
Die Angeschuldigten wussten, daß der Erlös, der durch den Verkauf
der Zeitungen erlöst wurde, u.a. zur weiteren Herstellung illegaler
Presseerzeugnisse verwendet wurde, daß diese Hetzschriften dafür
bestimmt waren, weite Kreise der Bevölkerung im kommunistischen
Sinne zu zersetzen.
Jeder der Angeschuldigten hat auf Grund eines einheitlichen
vonvornherein gefassten Entschlusses gehandelt.
...

Die Richtigkeit der vorstehenden Abschrift wird bescheinigt.

        E m d e n, den 2o. Juni 195o
          STADT EMDEN
        -Kreissonderhilfeausschuß-
             I.A.

                (Witt)

Dokument 1

Anmerkung zum Dokument 1

Die Ausschnitte aus der beglaubigten Abschrift der Anklageschrift gegen Friedrich Loop vom 22.3.1935 belegen, dass die Emder KPD organisiert handelte und Aufklärung über den verbrecherischen Faschismus unter der Bevölkerung erfolgreich zu leisten verstand.
Obgleich die kommunistischen Widerstandskämpfer unserer Stadt wussten, dass sie Freiheit und Leben aufs Spiel setzten, bekämpften sie mutig die Nazi-Diktatur. Einheitlich handelnd, wurden von ihnen Beschlüsse der intakten Partei erfüllt, auch wenn sie durch vorhergegangene Verhaftungen die brutale Nazijustiz kennengelernt hatten, viele Emder Kommunisten schon in KZs litten und nicht wenige bereits ermordet waren.

Die Gefahren waren den Kommunisten bewusst. Trotzdem gelang es, sogar KPD-Zeitungen und Materialien in der Stadt zu verkaufen.

Das belegt, dass es in Emden eine breite antifaschistische Gesinnung gab, sonst wären solche Verkäufe nicht möglich gewesen. Die KPD lebte, es gelang nicht, sie zu zerschlagen und ihren Widerstand auszuschalten. Sie verkörperte die einzige politische Kraft in unserer Stadt, die trotz grausamster Verfolgung und größter Opfer weiterkämpfte. Das soll nicht vergessen werden; niemand soll vergessen werden, der unbeugsam war!

(Der Herausgeber Axel v. Schack)

Dokument 2 (Abschrift)

Emden, den 6.2.1946

An die Soz. *(Sozialdemokratische)* Fraktion des Bv.
(Bürgervertretungs-) Kollegiums Emden

Werte Genossen!

Getragen von dem Wunsche der Einheitlichkeit in allen
Fragen des politischen Geschehens, wenden wir uns an
Euch. Es muss vermieden werden, dass zwei
Arbeiterfraktionen gegeneinander stimmen. Die
Arbeiterschaft wird es begrüßen, wenn wir gemeinsam
unsere Beschlüsse fassen, ja, wenn wir eine Einheit bilden.
Die ersten Zusammenkünfte im Mai vorigen Jahres, wo wir
gemeinsam den Grundstein legten, gilt uns als Richtlinie.
Getreu unseren damaligen Aussprachen schlagen wir Euch
vor: Gemeinsame Fraktionssitzungen abzuhalten, der SPD
und der KPD.
Unserer Fraktionssitzung findet statt:
Am Sonnabend, den 9. Februar, abends 18.00 Uhr, Zimmer
des Oberbürgermeisters im Rathaus, wozu wir Euch
einladen.
Solltet ihr schon eine Fraktionssitzung angesetzt haben, so
entscheidet bitte in dieser, ob unser Vorschlag von Euch
angenommen wird.

Mit soz. Gruß
Wendt (Fraktionsvorsitzender)

Dokument 3 (Abschrift)

Sozialdemokratische - Partei Emden

An die Kommunistische Fraktion des Bv. Kollegiums der
Stadt E M D E N

Betrifft: Zusammenarbeit der Fraktionen der SPD und KPD
des Bv. Kollegiums.

Werte Genossen!
In Beantwortung Eures Schreibens vom 6.2 .1946 teilen wir
Euch mit, dass es auch unser Wunsch ist, dass das
Gegeneinanderstimmen der beiden Arbeiter-Parteien in
Zukunft unterbleibt.
Wir begrüßen daher eine engere Zusammenarbeit beider
Fraktionen, damit in grundsätzlichen Fragen eine Einigung
erzielt wird, zum Wohle der Arbeiterschaft.
Leider hatten wir unsere Fraktions-Sitzung schon angesetzt
und in dieser kam einmütig zum Ausdruck, die Frage der
Zusammenarbeit der Funktionärs- und Parteiversammlung
vorzulegen, da wir als demokratische Partei dieser
verantwortlich sind und auch von dort das Mandat
übertragen bekommen haben.
Wir hoffen, Euch in Kürze eine Antwort zu erteilen.

Mit sozialistischem Gruß
Max Schieritz
Fraktionsvorsitzender (Zeppelinstr. 14)
Emden, den 9.2.1946

Nachwort

Das Ende des Zweiten Weltkrieges vor nunmehr 40 Jahren begrüßten die Davongekommenen, und nicht nur die Befreiten der Konzentrationslager und Zuchthäuser schworen:

„Nie wieder!"

Unbeschreibliche Opfer hatte dieser bisher grausamste Krieg der Weltgeschichte gefordert. Dieser Krieg, der wie der Erste Weltkrieg von deutschem Boden ausging, wurde eingeläutet, als ab 1933 die Naziterroristen Antifaschisten, besonders die von ihnen am meisten gefürchteten und gehassten Kommunisten verfolgten, einkerkerten, folterten und ermordeten.
So auch in Emden.
Schrecklich ist die Bilanz der Namen von Kommunisten unserer Stadt, die dem Terror ausgesetzt waren und oft ihr Leben verloren. Die Nazis wussten genau: Die Arbeiterbewegung verkörperte die Kraft, die den Faschismus niederringen kann, wenn sie geeint handeln würde.
Die konsequentesten und organisiertesten Gegner der Faschisten waren die Kommunisten. Deswegen wurden sie am grausamsten verfolgt von allen, die im politischen Widerstand standen. Und die deutschen Kommunisten wussten, was auf sie zukommen sollte.

Der Vorsitzende der KPD, Ernst Thälmann, der im KZ Buchenwald von den braunen Banden ermordet wurde, sagte auf der Tagung der Partei am 7. Februar 1933 in Zeuthen bei Berlin:

„Es ist der Bourgeoisie ernst damit, die Partei und die
ganze Avantgarde der Arbeiterklasse zu zerschmet-
tern. Sie wird deshalb kein Mittel unversucht lassen,
um dieses Ziel zu erreichen. Also nicht nur Vernich-
tung der letzten spärlichen Rechte der Arbeiter, nicht
nur Parteiverbot, nicht nur faschistische Klassenjustiz,
sondern alle Formen des faschistischen Terrors; darüber hinaus: Masseninternierung von Kommunisten in
Konzentrationslagern, Lynchjustiz und Meuchelmorde
an unseren tapferen antifaschistischen Kämpfern,
insbesondere an kommunistischen Führern - das
alles gehört mit zu den Waffen, deren sich die faschistische
Diktatur uns gegenüber bedienen wird.“

Nach der Befreiung 1945 trug in Emden eine Straße den
Namen des KPD-Vorsitzenden Ernst Thälmann. Noch heute
ist eine Straße nach dem ebenfalls in Buchenwald
ermordeten sozialdemokratischen Parteiführer Rudolph
Breitscheid benannt.
Mit dem Wiedererstarken der rechten politischen Kräfte und
dem Bestreben der Adenauer-Regierung, die KPD zu
verbieten, wurde in unserer Stadt die Straße wieder
umbenannt, um den Beitrag und die Opfer der
Kommunisten im Widerstand gegen die Nazi-Diktatur
vergessen zu machen.
Die politisch maßgeblichen Kräfte unserer Stadt setzen bis
heute den Versuch fort, die große Rolle der KPD beim
Widerstand gegen Hitler und in den Nachkriegsjahren für
unsere Stadt dem Vergessen anheimzugeben.

Dem stellen wir uns entgegen, und zum 40. Jahrestag der
Befreiung von Faschismus und Krieg soll die Herausgabe
dieses Buches ein Beispiel dafür sein.

1933 riefen die Kommunisten die Sozialdemokraten zu gemeinsamen Kampfaktionen gegen Hitlers Machtergreifung auf. Die SPD lehnte unter dem Hinweis darauf, Hitler sei legal an die Macht gekommen, ab. Sie wollte, wie es in einem Aufruf der SPD vom 30. Januar 1933 heißt, „den Kampf auf dem Boden der Verfassung", obgleich klar war, dass Hitler die Verfassung missachten würde.

Am 30. Januar 1933 demonstrierte die Emder KPD gegen die Faschisten und für die Aktionseinheit von Kommunisten und Sozialdemokraten. Am Tag darauf führten Sozialdemokraten und Kommunisten gemeinsam eine Gegendemonstration gegen „Stahlhelm" und SA durch. Am gleichen Tag noch wurde die KPD verboten. Die SPD wurde Anfang Mai 1933 verboten.

Die lange Liste der verhafteten Emder Kommunisten und die knappen Daten, die Friedrich Loop zusammenstellte, zeugen von Unbeugsamkeit und Mut, trotz Verhaftungen und Bedrohungen den Widerstand illegal weiterzuführen.

Die KPD war durch die Bildung von Fünfergruppen auf den organisierten politischen Kampf in der Illegalität, im Gegensatz zu der Emder SPD, vorbereitet. Sogar für den bewaffneten Kampf hatte sie Vorkehrungen getroffen.

Die Kommunisten gehörten in hohem Maße zu denjenigen, die die Selbstachtung bewahrten und nicht vor der Tyrannei katzbuckelten. Wenn es heute antiquiert ist, von Ehre zu sprechen, so muss doch gesagt werden:

Die Emder Widerstandskämpfer, in vorderster Front die
Emder Kommunisten, haben die Ehre des damaligen
Deutschlands verkörpert. Sie handelten in der Tradition des
freien, humanistischen und demokratischen Geistes, der zur
Geschichte der Seehafenstadt Enden gehört.

Das Vermächtnis dieses Widerstandskampfes, von dem
Friedrich Loop einige wenige Begebenheiten erzählt, ist
nicht erfüllt.
Politische Verfolgung und Verachtung, Kriegsvorbereitung
und Hochrüstung, Ausländerfeindlichkeit und
Neofaschismus sind Gegenwart auch in unserer Stadt.
Dabei ist es doch unsere Aufgabe, die Lehren aus Faschismus
und Krieg zu beherzigen, wollen wir nicht im atomaren
Inferno untergehen. Die oft erst in Konzentrationslagern
entstandene Einheit aller Antifaschisten muss heute wieder
erreicht werden. Alle in der Friedensbewegung vertretenen
Kräfte müssen bei wechselseitiger Achtung vor
unterschiedlichen Auffassungen zusammengehen, soll die
Kraft zur Wirkung kommen, die die Kriegsgefahr bändigen
und das atomare Inferno abwenden kann.

Kommunisten und Sozialdemokraten zogen nach dem 8.
Mai 1945 anfangs die Lehren aus der Niederlage der
Arbeiterklasse von 1933. Die Fraktionen der ernannten
Stadtvertretung in den Nachkriegsjahren bemühten sich, zu
gemeinsamem Handeln zu kommen. Davon zeugt der hier
dokumentierte Briefwechsel der Fraktionsvorsitzenden von
KPD und SPD in der Stadtvertretung vom Februar 1946.

lm Widerstand gegen den Faschismus haben Sozialdemokraten und Kommunisten unserer Stadt die unverzichtbare Bedeutung des gemeinsamen Handelns erkannt. Nach dem 8. Mai 1945 sahen die beiden Arbeiterparteien gemeinsames Handeln als notwendig an, wie der Briefwechsel zwischen den damaligen SPD- und KPD-Fraktionsvorsitzenden belegt.
(Die Briefe sind als Dokumente im Anhang abgedruckt.)
Umso bedrückender ist es, dass die Sozialdemokraten unserer Stadt sich heute nicht offiziell gegen das Berufsverbot gegen den DKP-Ratsherren Heinz-Udo Lammers wenden. Die sozialdemokratischen Ratskollegen des DKP-Ratsherren formulierten:
„Wir greifen nicht in ein schwebendes Verfahren ein!"
Sie unterstellten damit wider besseren Wissens, es ginge rechtens zu mit der juristischen Bewertungsgrundlage für die Berufsverbotsverhandlungen und der Entfernung des Lehrers Heinz-Udo Lammers aus dem Schuldienst.
Wenn nicht der SPD-Spitzenkandidat für das Amt des niedersächsischen Ministerpräsidenten, Gerhard Schröder, Heinz-Udo Lammers als Anwalt vertreten würde, würde allein die Passivität der Emder SPD-Spitze gegen die verfassungswidrigen Berufsverbote ein Bild ergeben, das an die von Sozialdemokraten offensichtlich gebilligte Entfernung des Junglehrers Adolf Lenze aus dem Schuldienst der Stadt erinnert, von dem Friedrich Loop schreibt. Der Junglehrer Lenze wurde von den Faschisten umgebracht.
Es ist genauso bedauerlich, dass die führenden Sozialdemokraten unserer Stadt sich weigern, den 8. Mai als Tag der Befreiung gemeinsam mit anderen politischen Kräften vorzubereiten oder wenigstens die Veranstaltungen abzustimmen, weil auch Kommunisten mitwirken.

Wir Kommunisten werden niemals aufhören, auf die
Sozialdemokratische Partei zuzugehen. Wir wollen zu
Überlegungen auffordern,
„welche gemeinsamen und gleichgerichteten Beiträge
geleistet werden können
- für den Stopp der Raketenstationierung und für den
    Abzug der bereits stationierten US-amerikanischen
    Raketen,
- für die Verhinderung der wahnsinnigen Pläne einer
    Weltraummilitarisierung,
- für die Überwindung von Nazismus und Revanchismus in
    unserem Lande,
- für eine Bundesrepublik des Friedens, der Arbeit und der
    sozialen Gerechtigkeit",
wie es in einem Brief des DKP-Parteivorstandes an die SPD
vom Februar 1985 heißt.

Das sind die Hauptfragen unserer Zeit, die im Interesse des
Friedens und des sozialen Fortschritts zu entscheiden sind.
Damit in grundsätzlichen Fragen eine Einigung erzielt wird,
„zum Wohle der Arbeiterschaft", wie es im Antwortbrief des
SPD-Fraktionsvorsitzenden in Emden vom 9.2.1946 an den
KPD-Vorsitzenden zu lesen ist, ist auch heute eine
Zusammenarbeit der Arbeiterparteien wichtig und
notwendig, unabhängig davon, wie stark die Parteien oder
Fraktionen sind.

Das wird heute immer wieder deutlich, denn die starken
Rechtskräfte in unserem Lande diffamieren die
Friedensbewegung und gehen gegen die Arbeiterbewegung
vor, beschneiden soziale und demokratische
Rechte beinahe täglich.

Es sind die gleichen Kräfte, die den Neofaschismus
und Revanchismus bagatellisieren, tolerieren und sogar
fördern. Sie sind es, die den Widerstand gegen Hitler durch
das Volk und die Arbeiterklasse vergessen machen wollen.
Gegen diese Kräfte richtet sich dieses Büchlein.

Diese Kräfte, die heute wie damals „be-flickt" sind und
schon lange wieder im Interesse der Kapitalmächtigen
handeln, die Hauptschuldige am Weltkrieg waren, operieren
mit dem Antikommunismus, dem Antisowjetismus und der
Bedrohungslüge und konservieren, ja schaffen täglich neu,
ein Feindbild gegenüber anderen Völkern, die sich für den
sozialistischen Weg entschieden haben.
Sie bringen ein Feindbild in die Köpfe der Menschen, das vor
allem die Sowjetunion betrifft. Wer das duldet, der ebnet
einem dritten Weltkrieg schon jetzt in den Köpfen der
Menschen einen Weg, an dessen unvorstellbarem Ende
keiner mehr Lehren ziehen kann.

Zu den wichtigsten und Standhaftigkeit erfordernden
Aufgaben der Kommunisten gehört seit der Existenz der
Sowjetunion die Verteidigung und Verbreitung der
Prinzipien sowjetischer Außenpolitik.
Gerade zum 8. Mai, dem Tag der Befreiung, muss gesagt
werden, was die bürgerliche Geschichtsschreibung so gerne
unterschlägt:
Der Sieg über den Faschismus und damit die Befreiung
unterjochter Völker und auch die Befreiung unseres Volkes,
ist vor allem der Sowjetunion zu verdanken!
Sie trug die schwersten Lasten des Krieges. Durch
Kampfhandlungen und den faschistischen Terror verlor die
Sowjetunion mehr als 27 Millionen Menschen und
erlitt ungeheure materielle Schäden.

Sie hat entscheidenden Anteil an den Kriegshandlungen
zu tragen gehabt. Das belegt auch die Tatsache, dass
mehr als zwei Drittel der faschistischen Landstreitkräfte
an der Ostfront eingesetzt waren.
Erst im Juni 1944 kam die „Zweite Front" gegen die
Nazi-Wehrmacht im Westen zustande, als entscheidende
Siege von der Sowjetunion längst errungen waren.
Die Sowjetarmee brachte den Frieden bis in unser Land.
In diesem Land, in dem es keine Kapitalmächtigen gibt, in
dem das Volk Besitzer der Produktionsmittel ist, verdient
niemand an der Rüstungsproduktion und schon gar nicht
am Krieg. Die leidgeprüften Völker der Sowjetunion, die mit
ihrem unsagbaren Opfermut den Faschismus in
vierjährigem Ringen besiegten, wollen nichts sehnlicher als
den Frieden. Von ihnen und ihrer Regierung geht keine
Bedrohung aus. Im Gegenteil: Die Sowjetunion macht
immer wieder neue konstruktive Abrüstungsvorschläge.
Diese werden von den führenden Politikern in den USA und
in Bonn stets als unsolide und unseriös abgetan. Dabei wird
mit übelsten Unterstellungen gearbeitet, um letztendlich die
eigenen Hochrüstungsprogramme durchzusetzen. Diese
bringen den Rüstungsindustriellen Milliarden und nehmen,
wie bei der geplanten Weltraumrüstung, mehr und mehr
wahnwitzige Züge an.

Friedrich Loop hat immer die friedenssichernde Rolle der
Politik der Sowjetunion vertreten und war fest davon
überzeugt, dass Frieden und Sozialismus eine Einheit
bilden. Sein Streben war es, die gesellschaftlichen Quellen
von Krieg und Faschismus für immer zu verschließen.

Aber er musste erleben, dass die alten Besitz- und
Machtverhältnisse nach 1945 wiedererstanden und in der
Bundesrepublik der Schwur von Buchenwald: „Nie wieder Faschismus - nie wieder Krieg!" in Vergessenheit zu
geraten drohte. In einem Teil Deutschlands aber entstand
mit der Deutschen Demokratischen Republik ein Land, das
den Weg einer konsequenten Neuordnung einschlug, und
rigoros alles, was Ursache für den Faschismus war, besei-
tigte.

In der Bundesrepublik Deutschland aber kam es zur
Restauration der alten Besitz- und Machtverhältnisse. Die
politische Macht wurde, bis auf wenige Ausnahmen, von
denen übernommen, die sich dem Faschismus zu keiner Zeit
entgegengestellt hatten. Schließlich gelangten Nazis wieder
in führende Stellungen bei Justiz, Verwaltung, Schulen und
Regierung.

Über das erneute Verbot der KPD, die Wiederbewaffnung,
den Beitritt zur NATO, die Notstandsgesetze, bis hin zu
Berufsverboten, der Stationierung von Atomraketen und der
geplanten Beteiligung am Weltraumrüsten führt ein
bedrohlicher Weg. All das geschieht gegen den erklärten
Willen der übergroßen Mehrheit unseres Volkes.

Die Gesamtheit der demokratischen Kräfte ist
herausgefordert, das Ruder herumzureißen und zu
verhindern, dass von deutschem Boden ein weiterer, der
zweifellos schrecklichste aller Kriege ausgeht.

Für den notwendigen Widerstand heute soll dieses Buch
Mut machen. Auffordernd und verpflichtend wirken die
kleinen Erzählungen von Friedrich Loop, den alle
Transvaaler als Fritz kennen, in denen er von
antifaschistischen Aktionen und dem Terror der Nazis
schreibt.

Aus diesem Grund bringt die DKP Emden die Erzählungen von Friedrich Loop zum 40. Jahrestag der Befreiung heraus. Das Büchlein soll möglichst viele Menschen erreichen und wird zum Selbstkostenpreis vertrieben, damit auch Schüler und junge Arbeitslose sich diese Erinnerungen an Naziterror und Widerstand in Emden kaufen können.

Der Nachlass von Friedrich Loop erhellt schlaglichtartig die Vergangenheit unserer Stadt, beleuchtet Widerstandsaktionen der KPD, der Emder Jugend und Einzelner. Die Texte sind geringfügig stilistisch überarbeitet, korrigiert und umgestellt worden. Persönliche oder nicht mit den Inhalten unmittelbar in Bezug stehende Aufzeichnungen wurden herausgenommen.

Der Nachlass von Friedrich Loop verdeutlicht, wie in Emden Arbeiterfamilien über die Nazis dachten und manchmal auch lachten. Er führt uns vor Augen, welches Klima in den Arbeiterwohngebieten vorherrschte und wie ungebrochen die KPD unserer Stadt nach 1933 war. Die Aufzeichnungen zeigen ein wenig vom Ausmaß des Leidens und der Opfer, die viele Emder brachten. Insbesondere die Liste der Namen, die von Friedrich Loop genau geführt wurde und die Verhaftungen von Kommunisten festhält, ist ein eindrucksvolles Dokument dieser Zeit, das den ungebrochenen Widerstandswillen der Emder KPD-Mitglieder belegt.

Der brutale Mord an zwei russischen Kindern durch die Nazi-Schergen und die verzweifelten Versuche der Antifaschisten, die Jungen zu retten, zeugen von der Grausamkeit der faschistischen Diktatur und dem Mut der Widerstandsbewegung.

Der Mord, der auf dem Gelände der ehemaligen Wolthuser
Ziegelei, im Bereich der heutigen Ziegeleistraße, verübt wurde und nicht der einzige in Emden an Zwangsarbeitern und
Kriegsgefangenen war, soll allen Mahnung sein, niemals
gegen andere Völker Hetze und Krieg zuzulassen. Auf dem
Friedhof Tholenswehr, der dortigen Kriegsgräberstätte, sind
viele Zwangsverschleppte begraben.

Die Erinnerungen an die „Gelbkreuzler" aus dem KZ
Engerhafe, an deren erster Gedenkfeier für die Ermordeten
Friedrich Loop mit seinen Kindern teilnahm, während sich
die Einwohner in ihren Häusern versteckten, sowie seine
aufgeschriebenen Gedanken zu einem Besuch des Friedhofs
beim ehemaligen KZ Börgermoor zeigen die tief
empfundene Verbundenheit mit den in den Lagern
umgekommenen, gequälten und misshandelten Häftlingen.

Friedrich Loop, geboren im September 1903, war selbst
fünfmal inhaftiert. Es gelang trotz grausamer Prügel, die
seine Gesundheit stark beeinträchtigten, nicht, seinen
Widerstandswillen zu brechen.

Seine Schilderungen der Ereignisse beim Bombeninferno, in
dem fast die ganze Stadt zerstört wurde, drängt jedem die
Mahnung regelrecht auf: Nie wieder Krieg!

Bis zu seinem Tod wehrte sich Friedrich Loop gegen die
Bagatellisierung der Vergangenheit. Er gelang ihm nicht, sie
vollends zu bewältigen. Er steht für viele Emder
Widerstandskämpfer der KPD, von denen die meisten nicht
in der Lage waren oder nicht die Zeit hatten,
Aufzeichnungen über die Jahre von 1933 bis 1945

anzufertigen. Seine Zeichnungen runden dieses Buch ab
und belegen, dass die Inhaftierung für Friedrich Loop
immer ein Schatten war, der sein weiteres Leben bestimmte.
Wir müssen erreichen, dass unser Land nicht zur
Abschussrampe und damit Zielscheibe für mehr
Atomraketen wird. Dieses Land darf nicht zum
Aufmarschgebiet gegen den Sozialismus missbraucht
werden, wie es die imperialistischen Kreise in den USA und
unserem Land wollen.
Dieses kleine Buch soll auch ein Schritt sein, den
Widerstand in Emden endlich umfassend aufzuarbeiten und
die, die bereits daran arbeiten oder zeitweilig damit
beschäftigt sind, auffordern, gemeinsam diese Aufgabe
unter Nutzung bereits vorhandener Unterlagen und
Untersuchungen zu leisten.
Diese Veröffentlichung soll aber auch und vor allem den
Stadtrat auffordern, die Widerstandskämpfer unserer Stadt
endlich angemessen zu ehren und anzuerkennen, dass sie es
waren, die die Ideale der Demokratie, deren sich heute so
viele gerne rühmen, in schwerer Zeit verkörpert haben. Es
ist beschämend, dass das bislang nicht geschah.

Wir bedanken uns herzlich bei allen, die mitgeholfen haben,
dieses Buch herauszubringen.

Über Meinungen und Hinweise zum Inhalt des Buches und
zum Widerstand in Emden würden wir uns sehr freuen.

Emden, den 1. Mai 1985

Werner Meyer-Deters
(Vorsitzender der DKP Emden)

Die Herausgabe und redaktionelle Arbeit wurde von
den Mitgliedern der DKP Emden unentgeltlich geleistet. Der Herausgeber, dem die Manuskripte von Friedrich Loop 1983 persönlich übergeben worden waren,
erfüllt hiermit den Wunsch des Verfassers, seine Aufzeichnungen zu einem geeigneten Zeitpunkt zu veröf-
fentlichen. Der 40. Jahrestag der Befreiung Europas
vom Hitlerfaschismus scheint der richtige Zeitpunkt
zu sein und ist sicherlich ganz im Sinne des Verfassers dieser Erinnerungen, Friedrich Loop.

Emden, 8. Mai 1985

Herausgeber:
Axel von Schack
DKP Emden
Mühlenstr. 61
2970 Emden